너무 진화한 생물 도감

YARISUGI IKIMONOZUKAN
Copyright © 2019 by Tadaaki Imaizumi, Teruo Morimatsu
All rights reserved
Original Japanese edition published by Takarajimasha, Inc.
Korean translation rights arranged with Takarajimasha, Inc.
through Eric Yang Agency Co., Seoul.
Korean translation rights © 2020 by SARAMIN PUBLISHING COMPANY

이 책의 한국어판 저작권은 EYA (Eric Yang Agency)를 통한
Takarajimasha사와의 독점계약으로 '사람in'이 소유합니다.
저작권법에 의하여 한국 내에서 보호를 받는 저작물이므로
무단전재 및 복제를 금합니다.

너무 진화해서 놀랐죠?

너무 진화한 생물 도감

이마이즈미 타다아키 | 고나현 역

너무 진화한 생물 도감의 세계로 초대합니다

*
*

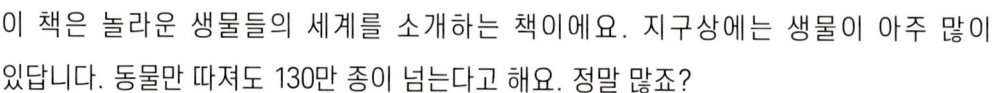

이 책은 놀라운 생물들의 세계를 소개하는 책이에요. 지구상에는 생물이 아주 많이 있답니다. 동물만 따져도 130만 종이 넘는다고 해요. 정말 많죠?

하지만 우리가 아는 생물은 고작해야 몇십 종류 밖에 안 됩니다. 생물이라고 했을 때 여러분 머릿속에 바로 떠오르는 건 강아지, 고양이, 사자, 까마귀, 제비, 참새, 장수풍뎅이, 돌고래 등으로 그렇게 많지는 않을 거예요. 게다가 그런 생물들의 생태를 얼마나 아느냐고 물으면 거의 모른다고 답할 겁니다.

여러분 중에 왜 다 자란 고양이가 그렇게 울까? 참새는 어디서 자는 거지? 공벌레는 뭘 먹을까? 같은 질문에 대답할 수 있는 사람이 있나요? 아마 그렇게 많지 않을 거예요. 참고로 다 자란 고양이가 우는 건 유아화(다 자랐지만 아기처럼 행동하는 것) 때문이랍니다. 원래 다 자란 고양이는 잘 울지 않아요. 울면 자기가 어디 있는지 적에게 들켜서 위험하기 때문이죠. 그래서 야생의 다 자란 고양이는 뭐든 자기가 알아서 하기 때문에 울지 않아요. 하지만 집에서 키우는 고양이는 울어요. 그건 주인에게 바라는 게 있고, 어리광을 부리기 위해 그런 것이랍니다.

우는 건 아기 고양이뿐이죠. 어미 고양이에게 어리광을 부리며 보호를 받는 거예요. 그래서 주인 앞에서 우는 고양이는 유아화, 더 쉽게 말해서 아기 고양이처럼 됐다고 할 수 있답니다. 또 참새가 자는 곳은 사람들 눈에 잘 안 띄는 나무 그늘이에요. 공벌레의 주식은 흙인데 콘크리트도 먹는답니다.

아니, 콘크리트를 먹는다니 상상이 안 가죠? 공벌레가 콘크리트를 먹는 이유는 이 책에 나와

있으니까 꼭 읽어 주세요.
아마 지금 설명한 내용을 전부 아는 사람도 있겠지만, 처음 알게 된 친구들도 있을 거예요. 그리고 여러분이 알고 있는 것보다 생물들의 생태는 우리가 상상하는 것 이상으로 다채롭고 놀라움으로 가득하답니다.
그런 놀라운 생물들의 세계로 안내할게요. 자, 같이 떠날 준비가 되었나요? 거창한 장비는 필요 없어요. 흥미진진한 내용을 마음껏 즐길 마음의 준비만 되면 OK!

목차

시작하며 ···4
진화의 신비: 진화는 돌연변이와 자연도태로 이뤄져요 ···9

제1장 너무 진화한 생물들

한여름이든 한겨울이든 80km로 달리기 위해 이상할 정도로 코가 커진 **사이가 산양** ···14
사냥감을 찾기 위해 얼굴로도 소리를 들어요! 귀가 너무 밝은 **올빼미** ···16
완벽하게 화려해지겠어! **거니슨 세이지 뇌조** ···18
겉보기와는 달리 놀라운 점프력을 가진! **아홉띠아르마딜로** ···20
엄청나게 편리한 귀를 가졌어요! **사막여우** ···22
너무나 아름다우면서 힘이 넘치는 **그레타 오토** ···24
섬 왜소화를 대표해요 너무나 작아진 **브루케시아 미크라** ···26
입을 엄청 크게 벌릴 수 있어! **에일리언 피시** ···28
인간의 눈보다 350배나 빛에 민감한 **납작꼬리도마뱀붙이** ···30
적들에게 당하지 않기 위해 점액으로 된 침낭을 만드는 **파랑비늘돔** ···32
콘크리트까지 먹어 치우는 **공벌레** ···34
빛을 내는 플랑크톤으로 적을 물리친다! **카디널 피시** ···36
나뭇잎을 텐트 삼아 몸을 숨기는 **온두라스 흰 박쥐** ···38
비늘이 무기가 됐다! **큰천산갑** ···40
귀가 너무 커! 귀가 몸의 3분의 2를 차지하는 **긴귀날쥐** ···42
이렇게 많이 필요해? 턱 4개와 눈 4개를 가진 **칠레 사슴벌레** ···44
[칼럼] 진화의 신비 1 치타가 세계에서 가장 빠른 생물이 되기 위해 버린 것 ···46

제2장 너무 진화해서 당황스러운 생물들

너무 발달한 집게로 큰소리를 낼 수 있지만 어디 있는지 금방 들키는 **딱총새우** ···50
육상에 살고 싶지만 아직 그 정도로 진화하지 못했다? **짱뚱어** ···52

헤엄을 못 쳐서 난감하지만 낚시만은 잘하는 **씬벵이** ···54
자신은 옮지 않는데 다른 동물에게는 옮기는 **큰 박쥐류** ···56
이렇게 생긴 코로 먹잇감을 감지한다! **카구라 박쥐** ···58
너무 퇴화한 가짜 미끼라도 쓸데가 있을까?! **꼭갈치** ···60
입의 신경이 너무 발달해서 이빨을 잃은 **오리너구리** ···62
평화롭게 살고 있었는데 인간 때문에 난감해진 **코알라** ···64
밤눈이 너무 밝아서 아침에는 못 보는 **안경원숭이** ···66
육즙이 머리에 안 묻게 하려고 대머리가 된 **콘도르!** ···68
전혀 안 닮았잖아! 새끼는 복슬복슬하고 너무 큰 **왕펭귄** ···70
춤을 매우 잘 추지만 암컷을 만족시키지 못하면 잡아먹히는 **공작거미** ···72
숲에 울려 퍼지는 숨소리 때문에 금방 위치를 들키는 **느림보곰** ···74
젊음을 되찾지만 잡아먹혀서 죽는 **홍해파리** ···76
[칼럼] 진화의 신비 2 왜 수컷 사자는 그렇게 게으를까?

제3장 깜짝이야! 놀랍도록 진화하는 생물들

물 위를 달리기 위해 진화했다?! 다리가 1초에 열 번이나 회전하는 **바실리스크** ···82
상어인데 상어를 잡아먹기 위해 산호인 척하는 **워베공 상어** ···84
엄청나게 빠르다!! 혀를 내미는 가속도가 중력보다 264배 빠른 **카멜레온** ···86
엄청난 독가스를 과격하게 뿜어낸다! **폭탄먼지벌레** ···88
흉내 낼 수 있는 것이 40종! 놀라운 변신 재주를 가진 **흉내문어** ···90
이렇게 아름다워도 되는 거야? **거울 거미** ···92
혹시 인형인가?! 1시간 이상 움직이지 않는 **넓적부리황새** ···94
실은 얌전한데 힘이 너무 세서 위험 동물로 찍힌 **큰화식조** ···96
라이플총의 세 배는 되는 충격력을 가진 **부채머리독수리** ···98
아무리 그래도 너무 많이 마시는 거 아냐? 한 번에 136리터의 물을 마시는 **낙타** ···100
전기톱, 셔터 소리, 어떤 소리든 흉내 낼 수 있는 **금조** ···102
위가 몸의 몇 배로 늘어나는 **블랙 스왈로우어** ···104
먹지 않기 위해 진화했다?! 한 달간 굶어도 아무렇지 않은 **갈라파고스 땅거북** ···106
[칼럼] 진화의 신비 3 코끼리 아저씨는 왜 코가 길까? ···108

제4장 너무 진화해서 위태로운 생물들

독이 든 피로 천적을 공격하지만 자기 목숨까지 위험해지는 **사막 뿔 도마뱀** … 112
뇌를 찌를 듯한 뿔에 독이 있는 식물까지, 너무 위험해 보여! **바비루사** … 114
건조한 환경은 씩씩하게 이겨내지만 물에는 약한 **사막 캥거루쥐** … 116
강한 펀치를 날리는 갯가재가 있다! **공작갯가재** … 118
독을 쓸 수 있는 유일한 원숭이, 젊을수록 더 위험한 **늘보로리스**! … 120
계속해서 먹이를 먹지 않으면 죽고 마는 **짧은꼬리땃쥐** … 122
배가 부른데도 굶어 죽는 경우가 있다?! **나무늘보** … 124
너무 커서 계속 뭘 먹어야 하는 **흰수염고래** … 126
갈비뼈로 위기를 벗어난다! **이베리아영원** … 128
[칼럼] 진화의 신비 4 인간은 진화한 동물일까, 아니면 퇴화한 동물일까? … 130

제5장 진화의 신비, 왜 그렇게 되는 거지?

해저를 걷기 위해 지느러미가 진화했다?! **레드 핸드 피시** … 134
위협하기 위해서 진화했다?! 파란 혀를 가진 **솔방울 도마뱀** … 136
뿔이 몸보다 네 배는 길잖아! 왜 이렇게 긴 거지? **긴 가시 거미** … 138
세상에서 유일하게 물속에서 생활하는 거미! **물거미** … 140
가장 오래 살고 가장 느린 신기한 상어! **그린란드 상어** … 142
독을 가진 물고기를 흉내 내는 **톱쥐치** … 144
개구리도 날 수 있다! **월리스 날개구리** … 146
사냥감을 기절시키려고? 너무나도 긴 이빨을 지닌 신비한 **일각고래** … 148
어떻게 태어나는 거지? 사바나에 웬 **백사자**?! … 150
3,000m 아래까지 잠수할 수 있어요! 오징어를 너무 좋아하는 **향유고래**! … 152
죽여도 죽지 않는다? 심장까지 재생한다? **멕시코도롱뇽** … 154
놀라워라! 반구수면 기술의 **돌고래**! … 156
푹 자는 시간은 겨우 20분! 수면에 얽힌 비밀로 더 신기한 **기린** … 158

멸종하지 않도록 생물을 사랑해 주세요 … 160

◆ 진화의 신비 ◆
진화는 돌연변이와 자연도태로 이뤄져요

진화는 어디까지나 우연히 이뤄집니다. 나는 이렇게 진화해야겠다고 생각해서 의도적으로 진화할 수는 없는 거예요. 치타는 육상 동물 중 가장 빠르지만, 세계에서 가장 빨라지려고 마음먹고 의도적으로 빨라진 게 아니라는 거지요. 우리 인간도 그렇답니다. 두 발로 걷겠다고 의도해서 두 발로 걷게 된 게 아니에요.

지금은 우사인 볼트가 세계에서 가장 빠른 남자죠? 그는 가장 빠른 남자가 되기 위해 매일매일 혹독하게 연습했어요. 이건 아마 어떤 운동선수든 마찬가지일 거예요. 운동만 그런 게 아니에요. 공부할 때나 일할 때에도, 사람들은 성과를 내기 위해 열심히 노력을 한답니다. 하지만 이건 어디까지나 인간이 가지고 있는 유전자 범위 내에서 가능한 일을 하는 것뿐이에요. 하늘이 두 쪽 난다 해도 우리 인간이 새처럼 하늘을 날거나 치타처럼 시속 100km로 달릴 수는 없어요.

생물의 특성을 정하는 것은 유전자!

그런 인간의, 아니, 인간뿐만 아니라 모든 생물의 특성을 결정하는 것이 바로 유전자예요. 이런 유전자 중에 알비노라는 게 있어요. 이 책에서 백사자가 나올 때 이야기하겠지만, 알비노는 생물 고유의 색을 내는 멜라닌이 부족하거나 없는 유전자 질환의 일종이죠.

이건 사자뿐만 아니라 인간이나 다른 생물에게서도 찾아볼 수 있어요. 우리는 알비노를 유전자 질환이라고 하지만, 그건 멜라닌 색소를 가진 사람의 시선에서 그런 것이지, 실은 단순 돌연변이일 뿐이에요.

그럼 왜 그런 알비노가 생겨났을까요? 이건 아직 정확하게 밝혀지지 않았어요. 참고로, 알비노인 백사자는 자연계에서는 살아남을 수 없어요. 너무 눈에 띄기 때문이에요. 모든 것이 갈색인 사바나 세계에서 백사자는 금방 눈에 띄어서, 아무리 사자라 해도 다른 포식동물들에게 먹히거나 공격을 당할 수밖에 없어요.

돌연변이는 환경에 적응할 수 있을까?

진화는 유전자의 돌연변이에요. 유전자 돌연변이가 생겨서 그게 환경과 잘 맞는다면 살아남을 수 있지만, 알비노처럼 환경에 맞지 않는다면 도태돼요. 다만 돌연변이는 한순간에 벌어지지만, 생물의 특성이 바뀌고 그게 지구 환경에 적합한지 아닌지 알기 위해서는 매우 오랜 시간이 걸려요. 몇 천 년, 아니, 몇 만 년이 걸리는 때도 있어요.

의미가 있는 돌연변이와 의미가 없는 돌연변이

이렇게 돌연변이가 생겨도 진화에 거의 의미가 없는 경우도 많아요. 어른들 중에는 술을 잘 못 마시는 사람이 있어요. 술의 주 성분이 알코올인데, 그 알코올을 분해하는 능력이 없기 때문이에요.

이렇게 알코올 분해 능력이 없어서 술을 못 마시는 사람은 동남아시아나 중국의 푸젠성 부근에 꽤 있는데, 특히 푸젠성에 그 비율이 높다고 해요. 그런 상황으로 보아 술을 잘 못 마시는 사람이 동남아시아에서 태어나 푸젠성에서 그 수가 증가해 여기까지 건너온 게 아닐까 하는 사람도 있답니다.

푸젠성에서 술을 못 마시는 사람들이 증가한 원인이 무얼까? 연구한 사람들은 지금은 사라지고 없는 풍토병이 그 이유였다고 봐요. 술을 못 마시는 사람은 알코올을 먹으면 심한 두통을 느낀답니다. 그 통증을 느낄 때 발산되는 물질이 풍토병의 병원체를 이긴 게 아닐까 하는 거예요. 그래서 술을 못 마시는 사람이 풍토병을 이겼고, 인구 수가 증가한 거라고요.

반면에, 술을 잘 마시는 사람은 통증을 느끼지 않기 때문에 그 물질이 생기지 않아요. 그래서 풍토병을 이기지 못하고 인구 수가 줄어든 게 아닐까 하는 거고요.

그 풍토병은 지금은 사라지고 없어요. 그렇기 때문에 술을 못 마시는 사람의 특성이 별다른 의미가 없어졌어요. 술을 못 마시기 때문에 술 사느라 돈을 쓰지 않아도 된다는 이점은 있지만요. 이처럼, 돌연변이가 생겨도 큰 의미가 없는 변화도 있고요, 또 과거에는 의미가 있었지만, 지금은 큰 의미가 없는 경우도 있답니다.

이 책을 통해 그런 진화의 신비에 다가가 볼 거예요.

제1장

너무 진화한 생물들

아홉띠아르마딜로

올빼미

거니슨 세이지 뇌조

여러분이 깜짝 놀랄 진화.
그런 놀라운 진화를 이룬 친구들을 소개할게요.
여러분이 아는 생물들에게도 잘 알려지지 않은
진화의 비밀이 있답니다.

그레타 오토

납작꼬리
도마뱀붙이

긴귀날쥐

한여름이든 한겨울이든 80km로 달리기 위해 이상할 정도로 코가 커진 사이가 산양!

제트 엔진 같은 코가 있는 사이가 산양은 몸에 비해 코가 이상할 정도로 커요. 하지만 코가 이렇게 된 데에는 이유가 있답니다. 한여름이든 한겨울이든 체력을 잘 유지하며 시속 80km의 속도로 계속 달리기 위해서예요. 사이가 산양이 사는 중앙아시아는 추울 때와 따뜻할 때의 기온 차가 세계에서 가장 심한 곳이에요. 겨울에는 영하 20도인데, 여름에는 최고 기온이 50도까지 올라가거든요. 이런 환경에 적응하기 위해 발달한 것이 사이가 산양의 코예요. 콧속의 혈관은 그물망처럼 되어 있어서, 여름에는 거대한 코를 통해 더워진 공기를 내쉬어 혈액이나 뇌, 몸을 식힌답니다. 반대로 겨울에는 들이마신 차가운 공기를 데워서 몸을 따뜻하게 하고요. 이렇게 해서 한여름과 한겨울에도 끄떡없이 80km의 속도를 낼 수 있는 거예요.

이 생물은?

- 이름   사이가 산양
- 분류   포유류
- 사는 곳   중앙아시아 초원
- 크기   전체 길이 1~1.5m

에어컨 기능을 하는 코

사냥감을 찾기 위해
얼굴로도 소리를 들어요!
귀가 너무 밝은 올빼미

재미있고 귀엽게 생긴 올빼미는 사실 꽤 뛰어난 사냥꾼이에요. 그런데 왜 저렇게 얼굴이 납작할까요? 그 비밀은 청력에 있어요.
언뜻 보면 알 수 없지만 올빼미는 대부분 양쪽 귀의 위치가 달라요. 한쪽 귀가 다른 쪽보다 조금 아래에 있거든요. 그래서 소리를 입체적으로 느끼고 사냥감이 어디 있는지 정확히 알 수 있답니다.
게다가 얼굴 전체에 난 깃털도 소리를 듣기 위해 발달한 거예요. 납작한 얼굴에 돋아난 깃털이 소리를 인식해 귀로 전달한답니다. 얼굴 전체가 귓불 역할을 하는 셈이죠. 이 청력 덕분에 올빼미는 사냥감을 잘 잡을 수 있는 거예요.

이 생물은?

- **이름** 올빼미
- **분류** 조류
- **사는 곳** 삼림, 텃새(철을 따라 사는 곳을 옮기지 않고 거의 한 곳에서 사는 새)
- **크기** 전체 길이 43~60cm

완벽하게
화려해지겠어!
거니슨 세이지 뇌조

거니슨 세이지 뇌조의 구애 행동은 몇백 마리가 모인 상태에서 펼쳐져요. 그렇기에 수컷 뇌조는 한껏 가슴을 펴고 날개를 가시처럼 펼치며 어필한답니다. 눈에 띄면 띌수록 짝을 만날 확률이 높기 때문에 이 뇌조들은 평소에도 매우 화려해요. 그래도 경쟁 상대가 몇백 마리나 있으니 어중간해서는 이길 수 없어서 완벽하게 화려해진 거죠.

평범한 뇌조는 보호색이 있어서 겨울에는 흰색, 여름에는 갈색으로 아주 수수하지만, 이 거니슨 세이지 뇌조는 달라요. 눈에 잘 띄니까 천적의 표적이 되는데, 이 뇌조는 그 위험도 무릅쓰고 번식을 택한 셈이에요.

이 생물은?

- **이름** 거니슨 세이지 뇌조
- **분류** 조류
- **사는 곳** 미국 서부
- **크기** 전체 길이 55~80cm

겉보기와는 달리 놀라운 점프력을 가진!
아홉띠아르마딜로

겉보기와는 다른 의외의 면모를 갖고 있는 동물이에요. 우선 헤엄을 잘 쳐요. 몸이 단단한 갑옷으로 덮여 있어 도저히 헤엄을 못 칠 것 같은 이미지인데, 동물 중에서 유일하게 장 속에 공기를 모아 놓을 수 있거든요. 장에 공기를 모아 강을 자유롭게 헤엄치는 거죠. 잠수도 잘해서 6분이나 숨을 참을 수 있어요. 또 무엇보다 뛰어난 능력이 바로 점프력이에요. 적이 덤벼들면 거의 1m를 점프해서 상대가 놀라는 사이에 도망친답니다. 자신의 몸보다 약 두 배나 높게 뛰는 거예요. 그래도 상대가 덤벼들면 목 등을 갑옷으로 가리며 몸을 지켜요.

이 생물은?

- □ **이름** 아홉띠아르마딜로
- □ **분류** 포유류
- □ **사는 곳** 북아메리카 남부, 남아메리카의 숲이나 초원
- □ **크기** 몸길이 36~57cm

엄청나게 편리한 귀를 가졌어요!
사막여우

사막여우는 갯과에 속해요. 갯과 중에서도 비교적 작은 편이라, 몸이 커 봤자 집고양이 정도지만 귀 길이는 10cm 이상이어서 갯과 중에서도 최대급이에요. 그럼 이 큰 귀를 어디에 쓸까요? 물론 귀이기 때문에 청력이 뛰어나요.

사막여우는 북아프리카 사막 지대에 살아요. 그래서 그 모래 아래에서 들려오는 사냥감의 소리를 포착하죠. 그뿐만이 아니에요. 저 커다란 귀로 열기를 내보낸답니다. 사막여우는 야행성이라서 낮에는 햇빛이 들지 않는 소굴에 있는 경우가 많지만, 가끔은 일광욕도 즐겨요. 그때도 이 귀로 사막의 더위를 감당할 수 있는 것이죠.

이 생물은?

- **이름** 사막여우
- **분류** 포유류
- **사는 곳** 아프리카 북부 사막
- **크기** 몸길이 25~40cm

너무나 아름다우면서 힘이 넘치는 그레타 오토

'작은 거울'이라고도 불리는 투명한 유리 같은 날개를 가진 나비가 바로 이 그레타 오토예요. 멕시코부터 미국에 걸쳐 살고 있지요. 투명한 날개가 태양 빛에 반짝이기 때문에, 이 나비들이 하늘을 나는 모습은 꼭 햇빛에 반짝이는 수면 같아요. 그래서 하늘을 나는 보석이라고 부르기도 한답니다. 날개가 투명한 건 일종의 보호색이에요. 투명한 날개 덕분에 주변과 동화되는 거죠.
하지만 이렇게 섬세해 보이는 겉모습이 이 나비의 실체를 말해 주는 건 아니랍니다. 자기 체중의 무려 40배나 되는 물건을 들어 올리는 강력한 힘을 지닌 실력자거든요. 너무나 아름다우면서도 힘이 넘치는 나비죠.

이 생물은?

- **이름**   그레타 오토
- **분류**   곤충류
- **사는 곳**   멕시코, 파나마, 콜롬비아 공화국부터 미국의 플로리다주까지
- **크기**   날개의 길이 5.6~6.1cm

섬 왜소화를 대표해요 너무나 작아진 브루케시아 미크라

손끝에 올릴 수 있는 가장 작은 카멜레온이 바로 이 브루케시아 미크라예요. 발견된 곳은 마다가스카르 북부의 작은 무인도 노시 하라. 성체의 코끝부터 꼬리까지 재도 고작 약 29mm예요. 수컷은 약 16mm밖에 안 된답니다.

마다가스카르에는 약 70종류의 카멜레온이 있어요. 그중 브루케시아 미크라는 마다가스카르 북서부에 있는 노시베섬의 브루케시아 미니마가 노시 하라섬에서 더 작아진 게 아닐까 추측하고 있고요. 이렇게 섬에서 생물이 극단적으로 작아지는 걸 '섬 왜소화'라고 해요. 작아지는 이유 중 하나는 자원이 한정되어 있기 때문이라는데, 아무리 그렇다고 해도 너무 작지 않나요?!

이 생물은?

- **이름** 브루케시아 미크라
- **분류** 파충류
- **사는 곳** 마다가스카르 연안의 노시 하라섬
- **크기** 전체 길이 16~29mm

입을 엄청 크게 벌릴 수 있어!
에일리언 피시

이 물고기의 가장 큰 특징은 자기 얼굴보다 몇 배나 크게 벌릴 수 있는 거대한 입이에요. 그 모습이 영화 '프레데터'에 나오는 우주 생명체와 비슷해서 에일리언 피시라는 별명이 붙었죠.
번식기가 되면 수컷은 이 커다란 입을 무기로 거친 싸움을 벌인답니다.

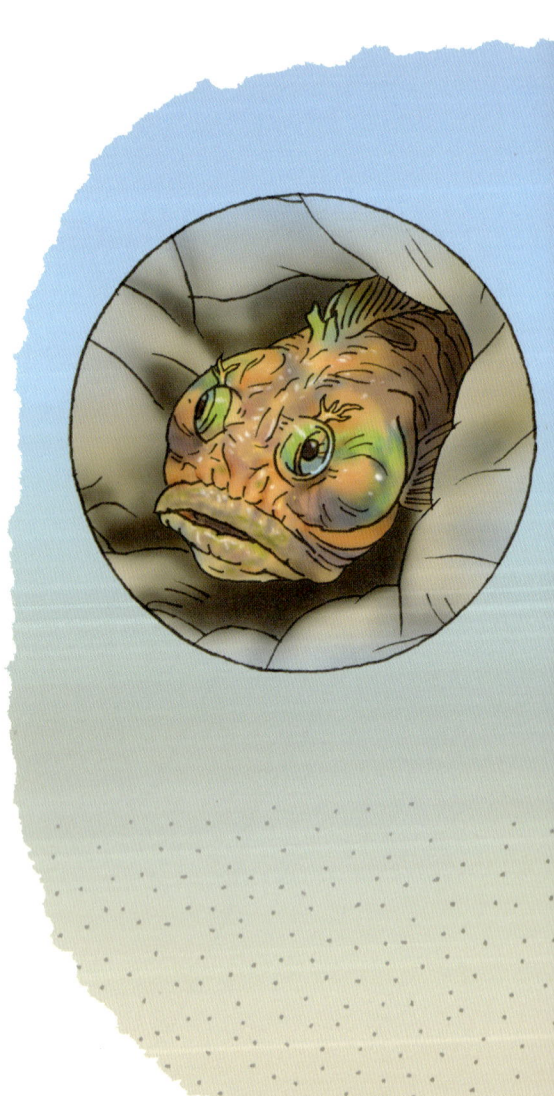

이 생물은?

- **이름**   사르케스틱 프린지헤드(정식 명칭)
- **분류**   어류
- **사는 곳**   태평양, 북아메리카 해안
- **크기**   몸길이 8~30cm 정도

평소에는 바위나 조개껍데기 속에 숨어 있지만, 경쟁자가 오면
커다란 입을 벌려 위협해요. 또 번식기에는 춤을 추며
암컷의 관심을 끌려고 하는 수컷도 있어요. 식성은 확실하지 않아요.
그러나 날카로운 이빨이나 가까운 다른 종들의 먹이를 볼 때
갑각류를 먹지 않을까 추측하고 있답니다.
사람을 물기도 하니 조심하세요!

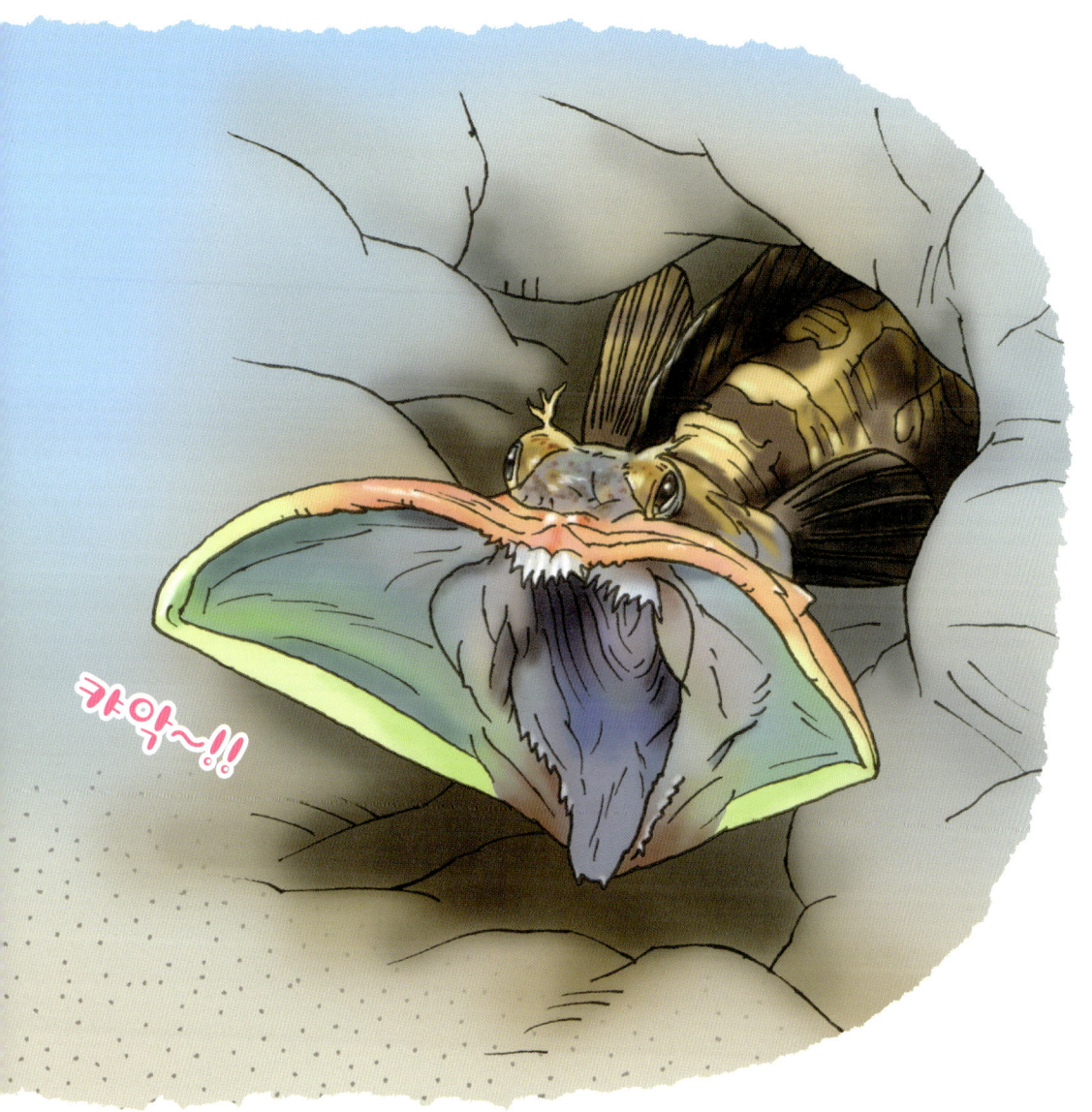

인간의 눈보다 350배나 빛에 민감한 납작꼬리도마뱀붙이

마다가스카르 열대우림에서만 볼 수 있는 도마뱀이에요. 그림처럼 매우 독특하고 개성적인 큰 눈이 있죠. 이 눈은 인간보다 350배나 빛에 민감해서 캄캄한 곳에서도 색을 구별할 수 있어요.

또 평소에는 나무에 달라붙어 나무껍질인 척하고 있다가 위험을 느끼면 입을 크게 벌려 우는 소리로 상대를 위협한답니다. 입을 다물고 있으면 얼굴이 길고 납작하지만, 갑자기 입을 활짝 벌리면 눈이 큰 탓에 아주 위협적으로 보이죠.

몸의 크기는 20~33cm 정도예요. 그림으로는 안 보이지만 주걱 모양의 꼬리는 몸과 비슷할 정도로 크답니다.

이 생물은?

- **이름** 납작꼬리도마뱀붙이
- **분류** 파충류
- **사는 곳** 마다가스카르 동부 우림
- **크기** 전체 길이 22~33cm

적들에게 당하지 않기 위해 점액으로 된 침낭을 만드는 파랑비늘돔

생물에게 가장 위험한 순간은 잠을 잘 때예요. 그래서 많은 생물이 이때를 대비해 방어책을 세워요. 파랑비늘돔의 방어책은 잘 때 점액 침낭으로 몸을 감싸는 거예요.

이 침낭은 젤리 같아서 바위가 많은 곳에서도 쿠션 역할을 한답니다. 또 천적인 곰치에게 쉽게 들키지 않아요. 파랑비늘돔의 냄새가 침낭 밖으로 새어 나가지 않기 때문이에요. 그리고 무엇보다 기생충으로부터 보호해 줘요. 그나티아라는 갑각류의 새끼가 파랑비늘돔에게 들러붙어 피를 빠는데, 이 적에게서 몸을 지켜주는 거죠. 파랑비늘돔의 침낭은 우리가 여름에 쓰는 모기장과 비슷한 역할을 한답니다.

이 생물은?

- 이름: 파랑비늘돔
- 분류: 어류
- 사는 곳: 한국(남해), 일본 등
- 크기: 몸길이 65cm

콘크리트까지 먹어 치우는 공벌레

만지면 몸을 동글게 말고 데굴데굴 굴러다니기 때문에 무심코 가지고 논 기억이 있는 친구도 많을 거예요. 그 벌레가 바로 공벌레랍니다. 몸을 동글게 마는 건 단단한 갑옷으로 복부를 지키기 위해서예요. 이 단단한 갑옷은 칼슘으로 되어 있어요. 이것이 공벌레가 콘크리트를 먹는 이유이기도 해요.

공벌레는 콘크리트나 벽돌 속에 든 칼슘을 섭취하거든요. 그래서 공벌레를 해충으로 취급하기도 하지만, 사실 공벌레는 지구의 흙을 깨끗하게 해주는 곤충이에요. 낙엽 등을 먹고 배설을 하면 그 배설물에 포함된 박테리아가 흙에 영양분을 줘서 숲이 우거지게 해주는 거죠. 실은 아주 귀중하고 우리 사람에게 이익을 주는 곤충이에요.

이 생물은?

- **이름**   공벌레
- **분류**   갑각류
- **사는 곳**   전 세계
- **크기**   몸길이 10~14mm

빛을 내는 플랑크톤으로 적을 물리친다! 카디널 피시

서커스의 기인처럼 불을 뿜어내는 카디널 피시. 카디널 피시는 빛을 내는 생물체인 패충강이라는 동물 플랑크톤을 먹고 토해내요. 이때 플랑크톤이 빛을 낸답니다. 그래서 카디널 피시가 불을 뿜어내는 것처럼 보이는 거죠. 그렇게 토해 낸 것은 적을 공격해요. 배출되는 플랑크톤은 패충강 중에서도 갯반디의 일종인데, 먹혔을 때 빛을 내는 액체를 내보내요. 이런 식으로 카디널 피시는 물속을 떠도는 플랑크톤을 먹고, 그 플랑크톤이 빛을 내면 바로 토해 낸답니다.

이 생물은?

- □ 이름　　카디널 피시
- □ 분류　　어류
- □ 사는 곳　지중해와 서대서양 주변, 아조레스 제도, 카나리아 제도
- □ 크기　　몸길이 15cm

나뭇잎을 텐트 삼아 몸을 숨기는 온두라스 흰 박쥐

몸길이가 4cm 정도로 작고 동그란 이 귀여운 박쥐는 사람들이 흔히 떠올리는 박쥐의 이미지와는 다른 온두라스 흰 박쥐예요. 야행성이라 낮에는 모여서 잠을 자죠. 수컷 한 마리에 암컷 여러 마리가 옹기종기 자리를 차지해요.

※그림에는 온두라스 흰 박쥐의 얼굴이 나오지만 실제로는 물고 있는 잎에 가려서 보이지 않는 경우가 많아요.

이 생물은?

- **이름**   온두라스 흰 박쥐
- **분류**   파충류
- **사는 곳**   중앙아메리카
- **크기**   몸길이 3.7~4.7cm
           꼬리 길이 1~1.5cm

자는 곳은 헬리코니아 잎 아래인데, 이 나뭇잎이 쳐지지 않도록 양쪽을 끌어당겨 깨물고 매달린답니다.
꼭 커다란 잎을 텐트처럼 접어서 쉬는 거예요.
그리고 흰 몸통은 나뭇잎을 통해 빛을 쬐면 녹색을 띠기 때문에 눈에 띄지 않아요.
참고로 소형 박쥐치고는 드물게 과일 위주로 뭐든 잘 먹으며, 중앙아메리카에 살고 있어요.

비늘이 무기가 됐다! 큰천산갑

큰천산갑은 비늘을 무기로 진화시킨 유일한 포유류예요.
큰천산갑의 비늘은 끝이 뾰족해서 칼처럼 날카로운 무기가 되기도 해요. 날카로운 비늘이 달린 꼬리를 휘둘러 적을 물리친답니다.

이 생물은?

- **이름**　　큰천산갑
- **분류**　　포유류
- **사는 곳**　아프리카 서부, 중앙부의 삼림이나 열대 초원
- **크기**　　몸길이 75~85cm

이 큰천산갑의 주식은 개미나 흰개미예요. 날카로운 발톱으로 개미굴을 부수고 긴 혀로 핥아먹죠. 날카로운 비늘은 어디까지나 방어용이에요. 하지만 슬프게도 이 비늘이 인간의 표적이 되어 버렸답니다.
인간은 큰천산갑의 비늘을 귀한 약재로 다루고 있어요. 또 살은 식용으로 쓰고요. 그래서 현재 큰천산갑은 멸종 위기종이랍니다. 정말 슬픈 일이죠.

귀가 너무 커! 귀가 몸의 3분의 2를 차지하는 긴귀날쥐

사막의 미키마우스라고도 불리는 긴귀날쥐. 미키마우스도 깜짝 놀랄 정도로 귀가 크답니다. 귀는 꼬리를 제외하면 거의 몸의 3분의 2를 차지할 정도로 커요. 몸길이 대비 세계에서 가장 큰 귀를 가진 동물이죠. 귀가 커진 건 밤의 사막에서 움직이는 사냥감의 소리를 듣기 위해서예요. 어둠 속에서 꿈틀거리는 작은 곤충의(이 쥐도 고작 7cm밖에 안 되지만) 희미한 소리 하나도 놓치지 않기 위해서죠. 이 쥐는 사막 동물이기 때문에 나중에 소개할 사막 캥거루쥐처럼 수분을 거의 섭취하지 않아요. 사막 캥거루쥐도 사막에 사는 쥐로, 귀가 다르기는 하지만 둘은 매우 비슷하답니다.

이 생물은?

- **이름** 긴귀날쥐
- **분류** 포유류
- **사는 곳** 중앙아시아 사막이나 저목림
- **크기** 몸길이 7~9cm

이렇게 많이 필요해?
턱 4개와
눈 4개를 가진
칠레 사슴벌레

뿔처럼 생겼지만 실은 뿔이 아니고 몸의 절반을 차지할 만큼 긴 턱이에요. 수컷 칠레 사슴벌레에게는 거대한 턱이 있는데, 양쪽으로 하나씩 나 있죠. 그리고 그 아래에는 짧은 이빨 같은 턱이 있어서 다 합치면 턱이 4개가 있는 셈이에요.

긴 턱에는 빽빽하게 작은 이빨이 나 있어요. 그리고 좌우로 2개씩 눈이 달린 것처럼 보이는데요. 이건 그냥 겹눈이 2개로 나뉜 거예요. 하지만 아무리 봐도 눈이 4개로 보이죠?

참고로 이 칠레 사슴벌레는 턱 힘이 강하지 않아요. 진화론으로 잘 알려진 다윈이 시험 삼아 물려봤는데 아프지 않았다고 해요.

이 생물은?

- **이름**   칠레 사슴벌레
- **분류**   곤충류
- **사는 곳** 칠레, 아르헨티나
- **크기**   전체 길이 수컷은 33~90mm,
          암컷은 25.1~37.1mm

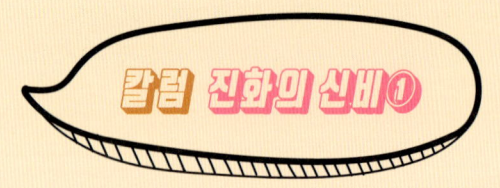

치타가 세계에서 가장 빠른 생물이 되기 위해 버린 것

땅 위에서 가장 빠른 동물로 잘 알려진 치타는 시속 113km로 달리죠. 인간과 비교하면 그게 얼마나 빠른 속도인지 알 수 있어요. 인간 중에서 가장 빠른 달리기 선수는 우사인 볼트예요. 100m를 9초대 후반으로 달리지만, 그걸 시속으로 바꾸면 고작 45km죠. 치타의 반도 안 되는 거예요.

치타는 아프리카 사바나에 살고 있어요. 사냥하는 대상은 톰슨가젤 등의 중형 초식동물이고요. 톰슨가젤은 치타가 사는 케냐와 탄자니아에 걸쳐 있는 세렝게티 국립공원에 있는데, 여기서는 치타와 쫓고 쫓기는 추격전을 벌인답니다. 톰슨가젤의 속도는 시속 65km로 치타보다 약 50km 느려서 금방 따라잡혀요. 그렇기에 톰슨가젤도 필사적이에요. 잡히면 목을 물린 뒤 잡아먹히니까요. 톰슨가젤은 잡히지 않기 위해 좌우로 계속 돌면서 도망쳐요. 그러면 치타도 조금 빙 돌아서라도 톰슨가젤의 움직임에 맞추죠. 치타에게는 빠르게 도는 재주도 있답니다.

치타가 빠른 이유? 비밀은 발톱에 있다

혹시, 고양이 발톱을 본 적이 있나요? 보통 고양이 발톱은 발에 숨어 있어요. 그리고 나무를 오를 때나 싸울 때 발톱을 꺼내죠. 하지만 치타의 발톱은 감춰져 있지 않아요. 고양잇과 동물 중에 유일하게 계속 발톱을 꺼내놓고 있죠.
치타는 육상생물 중에서 가장 빨라지기 위해 다양한 진화를 거쳤어요. 발톱을 내놓고 있는 것도 그렇지만, 치타의 생김새도 그래요. 머리가 작고 다리가 가늘며,

몸 전체가 사자와 비교하면 날씬하죠. 이 모든 게 빠르게 달리기 위해 얻은 진화의 결과랍니다.

치타가 잃어버린 소중한 것

그러나 그것 때문에 잃은 것도 있어요. 바로 힘이에요. 케냐의 사바나에서 치타가 죽임을 당한 사진을 볼 수 있어요. 범인은 인간이 아니에요. 바로 사자죠. 같은 고양잇과지만 치타는 사자처럼 힘 있는 육식동물에게는 밀린답니다.
또 치타는 얼룩말 같은 대형 육식동물에게 잘 덤벼들지 않아요. 이길 수 없기 때문이죠.
치타가 사냥감을 잡은 후의 모습을 찾아보세요. 뭔가 두려워하는 것처럼 주변을 둘러보고 있죠. 그건 사자나 하이에나 같은 동물들이 사냥감을 빼앗아가기 때문이에요. 치타는 세계에서 가장 빠르지만 가장 강하지는 않답니다.

제 2 장
너무 진화해서 당황스러운 생물들

안경원숭이

씬벵이

큰 박쥐류

이렇게까지 진화할 필요가 있었을까?
그런 생각이 드는 친구들이에요.
너무 진화해서 당황스러운 생물들이랍니다.

꼭갈치

공작거미

느림보곰

너무 발달한 집게로 큰소리를 낼 수 있지만 어디 있는지 금방 들키는 딱총새우

딱총새우는 망둑어류와 공생해요. 딱총새우가 은신처를 만들거나 깨끗하게 치우면, 망둑어는 적이 오지 않는지 감시하죠. 이 새우의 앞다리에는 발달한 커다란 집게와 작은 집게가 있어요. 커다란 집게는 은신처의 모래를 파낼 때 도움이 되죠. 또 이 집게는 벌렸다가 다물면 '따악!'하고 커다란 파열음을 낼 수 있어요. 이걸로 적을 위협하거나 사냥감을 기절시킬 수 있고요. 하지만 소리가 너무 커서 적에게 존재를 들킨답니다. 그런 난감한 상황을 망둑어와 공생하면서 어찌어찌 피하는 거죠.

이 생물은?

- 이름　　딱총새우
- 분류　　갑각류
- 사는 곳　한국(남해, 제주), 일본, 태평양, 인도양
- 크기　　몸길이 7cm

♡ 우리 항상 함께야

육상에 살고 싶지만, 아직 그 정도로 진화하지 못했다? 짱뚱어

짱뚱어는 망둑엇과에 속하는 물고기로, 갯벌에 1m 정도 되는 굴을 파고 생활해요. 낮의 썰물 때에는 굴 밖으로 나와 생활하지만, 위험하다 싶으면 바로 굴속으로 숨어 버리죠. 밀물 때와 밤에는 굴속에 있어요.
짱뚱어가 갯벌에서 살 수 있는 건 입에 물을 머금고 물을 통해 아가미, 입의 점막, 피부, 기막(비늘을 잇는 막)으로 호흡할 수 있기 때문이라고 해요. 따라서 갯벌에 있어도 피부가 건조하면 살 수가 없어요. 그래서 짱뚱어는 가끔씩 살금살금 기어나와 물로 몸을 적신답니다. 진화를 못 한 건지, 아니면 아직 진화 중인 건지 신기한 물고기예요.

이 생물은?

- **이름**   짱뚱어
- **분류**   어류
- **사는 곳**   서부 태평양의 열대 해역
- **크기**   몸길이 16~18cm

헤엄을 못 쳐서 난감하지만 낚시만은 잘하는 씬벵이!

뒤에서 소개할 레드 핸드 피시만큼은 아니지만, 씬벵이는 헤엄을 잘 못 쳐서 가슴지느러미를 이용해 해저를 걸으면서 사냥감을 잡아요. 수심 20~30m의 비교적 얕은 바닥에 있는 경우가 많죠. 그래서 잠수부들 사이에서는 인기가 많은 물고기예요. 씬벵이는 다른 평범한 물고기처럼 사냥감을 쫓아가서 잡을 수 없어요.

오, 먹을 건가?

이 생물은?

- **이름** 씬벵이
- **분류** 어류
- **사는 곳** 태평양 동부를 제외한 아열대의 따뜻한 바다
- **크기** 몸길이는 15cm 정도

그래서 코끝에 있는 낚싯대 기관인 가짜 미끼를 이용해 물고기를 낚는답니다.
'낚시의 달인'이라고 해도 되겠죠?
가짜 미끼를 움직여, 먹이인 줄 알고 접근한 작은 물고기나 갑각류를 입을 크게 벌려 단숨에 잡아먹어요.
역시 낚시의 달인답죠!

걸려라~
걸려라~

자신은 옮지 않는데
다른 동물에게는 옮기는
큰 박쥐류

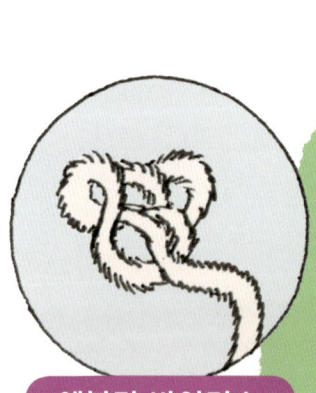

에볼라 바이러스

이 생물은?

- **이름**   큰 박쥐류(과일 박쥐)※
- **분류**   포유류
- **사는 곳**   호주
- **크기**   몸길이 최대 1.8m(날개를 펼친 길이)

※에볼라 바이러스의 숙주라고 불려요.

세상을 떠들썩하게 만든 전염병을 일으키는 에볼라 바이러스와 마르부르크 바이러스의 숙주는 큰 박쥐류의 일종이라고 해요. 그뿐만 아니라 호주 퀸즐랜드주 정부는 큰 박쥐류에게 물리면 전염되는 릿사 바이러스와 말을 매개로 전염되는 헨드라 바이러스가 아주 드물지만 치사율이 높다고 경고했어요. 살모넬라균도 큰 박쥐류가 매개일 것으로 보고 있고요. 하지만 큰 박쥐류 자체가 아픈 경우는 좀처럼 없다고 해요. 귀여운 생김새 때문에 '하늘을 나는 여우'라고 불리는 큰 박쥐류지만 다른 생물들에게는 꽤 위험하답니다.

우리는 멀쩡한데~

이상하게 생긴 코로 먹잇감을 감지한다!
카구라 박쥐

박쥐에는 크게 두 종류가 있어요. 하나는 큰 박쥐류로, 눈으로 사냥감을 확인하고 잡죠. 나머지 하나는 비교적 작은 박쥐류인데, 초음파를 발사해 그 반향으로 사냥감을 확인하고 잡아요.
초음파의 반향으로 위치를 확인하는 걸 반향정위(에코 로케이션)라고 하는데, 이건 박쥐의 큰 특징이에요. 이 카구라 박쥐도 그런 능력을 지녔지만 에코 로케이션 능력을 높이기 위해 코에 있는 잎사귀 같은 기묘한 돌기를 만들어 냈어요. 이걸로 초음파의 반향을 확실히 잡아내는 것 같아요. 하지만 너무 괴상하게 생겼죠?

이 생물은?

- **이름** 카구라 박쥐(2012년에 발견되었어요)
- **분류** 포유류
- **사는 곳** 베트남
- **크기** 몸길이 8~9cm

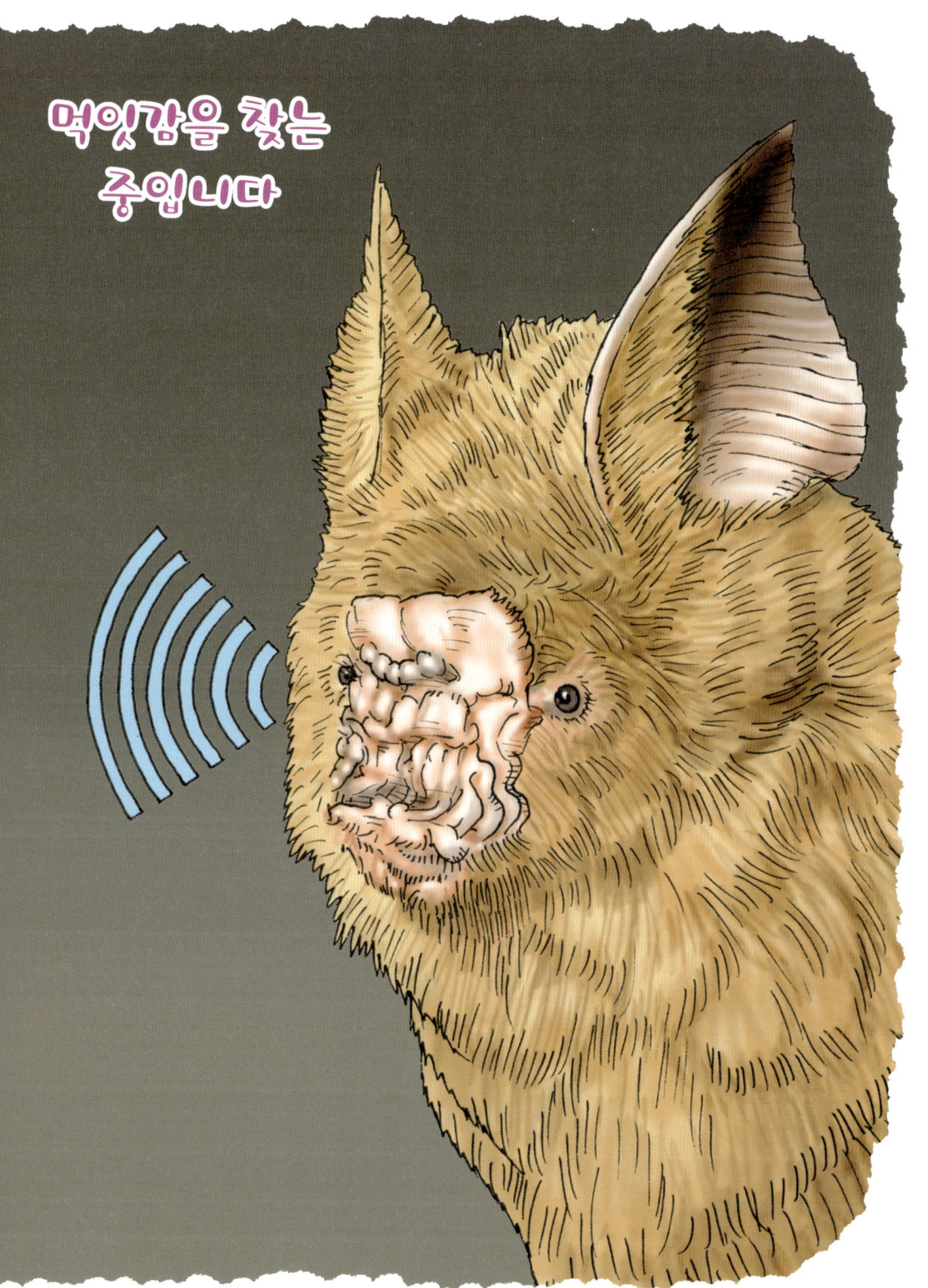

너무 퇴화한 가짜 미끼라도 쓸데가 있을까?!
꼭갈치

지나친 퇴화도 진화의 일종이에요. 씬벵이가 가짜 미끼를 이용해 작은 물고기를 낚는 데 비해, 이 꼭갈치는 가짜 미끼가 아예 퇴화해 버렸어요. 이게 바로 진화의 신비죠. 꼭갈치는 애초에 아귀목이라서 발달된 가슴지느러미와 배지느러미를 능숙하게 이용해 해저를 걷듯이 헤엄치며 조개나 갑각류를 잡아먹어요.

꼭갈치의 가짜 미끼는 뾰족한 코 아래에 있는데, 퇴화해서 거의 눈에 띄지 않아요. 사냥감을 잡을 때는 얼굴을 모래 속에 처박고 사냥한다고 해요. 모래에 얼굴을 집어넣을 때 가짜 미끼가 걸리적거렸던 걸까요?

이 생물은?

- □ 이름   꼭갈치
- □ 분류   어류
- □ 사는 곳 한국·일본·필리핀 등 태평양과 인도양
- □ 크기   전체 길이 10cm

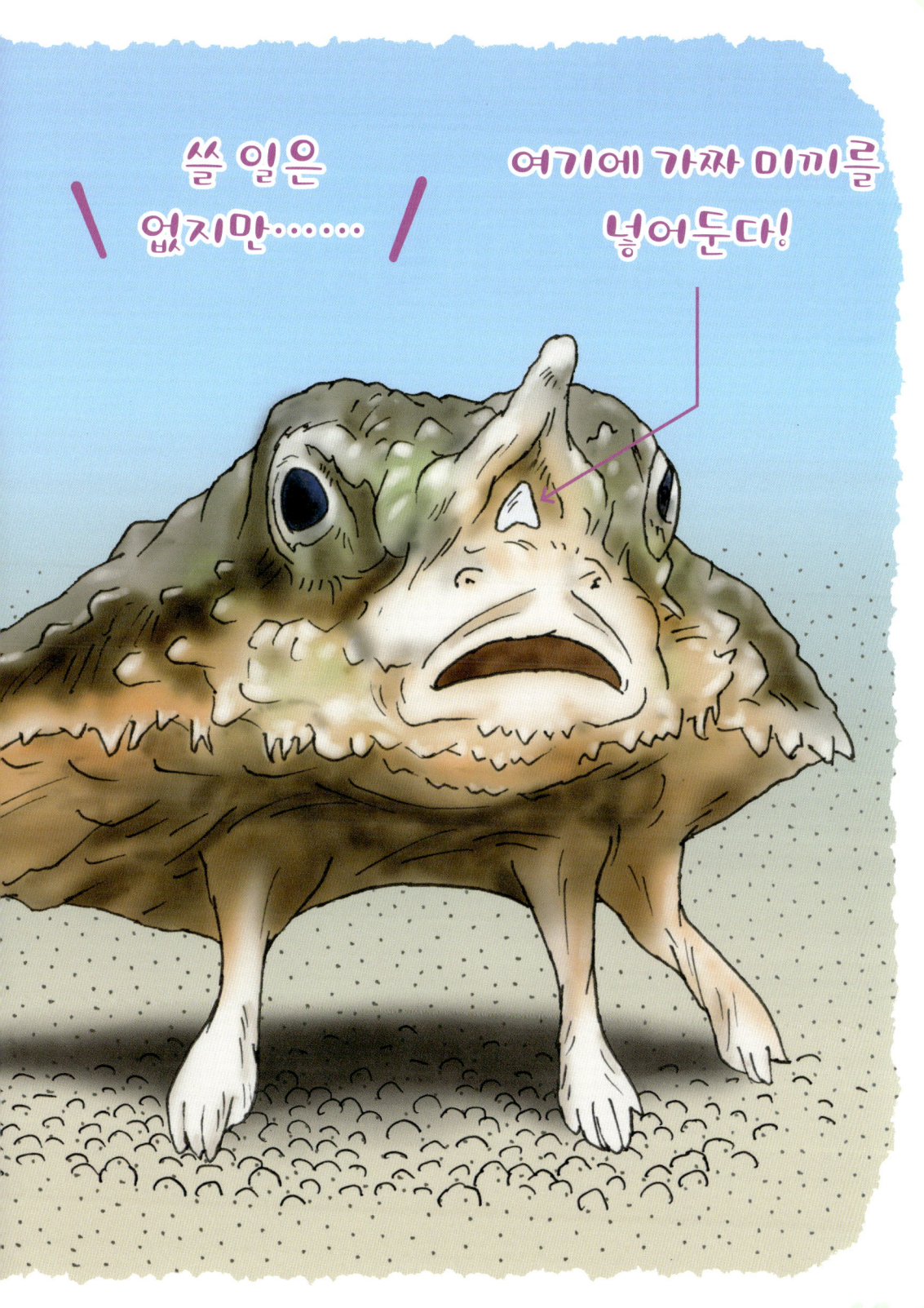

입의 신경이 너무 발달해서 이빨을 잃은 오리너구리

부리는 이렇게 넓은데 이빨이 없어

이 생물은?

- **이름** 오리너구리
- **분류** 포유류
- **사는 곳** 호주, 태즈메이니아섬의 강이나 늪
- **크기** 몸길이 30~45cm

알을 낳는 유일한 포유류가 바로 이 오리너구리예요. 그것만으로도 놀라운데, 오리너구리는 물속에서 눈을 감은 채로 사냥을 한답니다. 그것은 바로 부리에 생물의 전류를 감지하는 센서가 40,000개나 있기 때문이에요. 그래서 눈을 감고 있어도 물속에서 사냥을 할 수 있는 거지요. 그런데 입안이 전부 센서이기 때문에 이빨이 돋아날 공간이 없었던가 봐요. 하지만 괜찮아요. 물고기, 파충류, 조개, 곤충, 새우 등 다양한 먹이를 즐길 수 있거든요. 게다가 공룡 시대부터 존재했다고 추정할 정도로 오랫동안 존재한 강한 생물이에요.

평화롭게 살고 있었는데 인간 때문에 난감해진 코알라

코알라의 생존 전략은 아주 교묘했어요. 인간이 찾아오기 전까지는요. 코알라는 매우 천천히 움직여요. 그건 유칼리의 독소를 분해하는 데 많은 에너지가 필요하기 때문이죠.

코알라는 다른 생물들이 독이 있다고 먹지 않는 유칼리잎을 먹으며 생존 전쟁에서 살아남았어요. 또 빠르지 않더라도 천적은 별로 없었지요. 큰 도마뱀과 비단뱀은 있었지만, 대부분 젊은 코알라만 노렸답니다. 그러나 인간은 달랐어요. 코알라의 서식지인 삼림을 파괴했거든요. 그래서 코알라가 멸종 위기에 처한 지역도 있어요.

이 생물은?

- 이름　　코알라
- 분류　　포유류
- 사는 곳　　호주의 유칼리 숲
- 크기　　몸길이 72~78cm

밤눈이 너무 밝아서 아침에는 못 보는 안경원숭이

야행성인 안경원숭이는 사실 낮에 활동하는 주행성 동물을 선조로 뒀어요. 지금으로부터 약 6,000만 년 전과 모습은 크게 달라지지 않았지만, 밤낮이 완전히 바뀌었죠.
애초에 낮에 활동하는 주행성이었기 때문에 눈 속에 있는 빛을 증폭시키는 반사판이 사라졌어요. 그래서 눈이 저렇게 커진 거지요. 몸무게는 100g 정도인데, 눈의 무게가 뇌와 똑같이 3g이에요. 또 안구가 너무 커서 눈을 돌릴 수가 없기 때문에, 목을 180도 회전시켜서 뒤를 봐요. 그리고 슬프게도, 낮에는 너무 밝아서 앞을 잘 보지 못해요. 원래는 주행성이었는데 말이에요. 참 당황스럽죠?

이 생물은?

- **이름** 안경원숭이
- **분류** 포유류
- **사는 곳** 필리핀
- **크기** 몸길이 8~16cm

육즙이 머리에 안 묻게 하려고 대머리가 된 콘도르!

대머리가 된 이유가 육즙이 머리에 묻지 않게 하기 위해서라고? 그게 대체 무슨 소리인가 싶겠지만, 실은 그럴 만한 이유가 있답니다.
동물 대부분은 깨끗한 걸 좋아하는데 콘도르도 그래요. 콘도르는 동물의 사체를 먹어요. 그때 사체에 고개를 박고 먹기 때문에 그 고기나 육즙이 머리에 묻게 돼요. 그래서 머리에 깃털이 있으면 거기에 묻은 육즙으로 인해 바이러스 등의 병원체를 키우게 되는 거죠. 그래서 깃털이 아예 사라진 거랍니다. 인간의 머리가 벗겨지는 것과는 달라요. '대머리 독수리'라고 불리는 콘도르지만, 콘도르의 대머리는 건강하다는 상징이에요.

이 생물은?

- **이름** 콘도르
- **분류** 조류
- **사는 곳** 남아메리카의 높은 산
- **크기** 전체 길이 100~130cm

대머리가 된 데는
이유가 있다고!

전혀 안 닮았잖아!
새끼는 복슬복슬하고 너무 큰
왕펭귄

세계에서 두 번째로 큰 왕펭귄을 소개할게요. 명색이 왕펭귄인데 2등인 이유는, 발견 당시에는 가장 컸지만 그 후에 더 큰 펭귄이 발견되었기 때문이에요. 그것만으로도 당황스러운데, 더 당황스러운 건 새끼가 부모보다 크다는 점이랍니다. 부모와 자식인데도 영 닮은 곳이 없다 싶을 정도로 모습이 달라요.

왕펭귄의 새끼가 털이 복슬복슬한 건 추위에 지지 않기 위해서예요. 또 몸집이 큰 건 겨울이 되기 전에 배불리 먹어서 살이 쪘기 때문이죠. 통통해진 몸에 복슬복슬한 털을 두르고 추위를 견디는 거예요. 하지만 겨울이 끝나면 몸이 마르면서 죽는 새끼도 생겨나요. 조금 슬픈 현실이죠.

이 생물은?

- **이름**   왕펭귄
- **분류**   조류
- **사는 곳** 남극권의 섬
- **크기**   전체 길이 90~95cm

춤을 매우 잘 추지만 암컷을 만족시키지 못하면 잡아먹히는 공작거미

공작거미의 암컷은 수컷을 겉모습으로 판단해요. 공작거미 수컷은 번식기 때 암컷을 발견하면 앞뒤 가리지 않고 일단 춤을 춰요. 알록달록한 배를 젖히면서요.

애매하네······

이 생물은?

- **이름**   공작거미
- **분류**   거미류
- **사는 곳**   호주
- **크기**   전체 길이 2~6mm 정도

하지만 암컷은 수컷의 춤에 반응하기보다는 겉모습을 더 중시해요.
왜 그럴까요? 이 거미는 거미줄을 치지 않는 거미와 같은 과라서 사냥감을 콕 찍어서 사냥을 해요. 이렇게 하려면 시력이 좋아야겠죠? 시력이 발달했으니 아무리 열심히 춤을 춰도 거기 현혹되지 않고 겉모습이 어떤지 잘 판단할 수 있는 거예요.
또 암컷은 춤이 마음에 들지 않으면 수컷을 잡아먹는답니다. 수컷에게는 그야말로 목숨이 걸린 춤이죠.

숲에 울려 퍼지는 숨소리 때문에 금방 위치를 들키는
느림보곰

나무를 잘 오르고, 긴 발톱으로 나무에 매달린 모습이 나무늘보와 닮아서 붙은 이름이 느림보곰. 하지만 움직임은 전혀 느리지 않아요. 주식은 개미이고 벌집을 떨어뜨려 먹기는 하지만, 곤충 이외의 것을 습격해 잡아먹지는 않아요.

이 생물은?

- 이름   느림보곰
- 분류   포유류
- 사는 곳 인도, 스리랑카의 초원이나 삼림
- 크기   몸길이 1.5~2m

하지만 때로는 인간에게 해로운 짐승 취급을 당하기도 하고, 비교적 얌전해서 인간을 잘 따르기 때문에 서커스에 팔려 가거나 약이나 식용으로 잡히기도 해요. 개미를 먹기 위해 입이 뾰족한데, 숨을 내쉬는 소리가 숲에 울려 퍼지기 때문에 위치가 금방 발각되는 거예요. 정말 안쓰러운 곰이죠.

이래 봬도 주식은 개미예요

젊음을 되찾지만 잡아먹혀서 죽는 홍해파리

홍해파리는 남극과 북극 이외의 바다에 살고 있어요. 소화기관이 붉어 보이기 때문에 홍해파리라는 이름이 붙었죠. 이 홍해파리의 가장 큰 특징은 불로불사, 즉 늙지도 죽지도 않는다는 거예요.

평범한 해파리는 수컷과 암컷이 생식을 거치면 죽고 말아요. 그리고 그대로 분해되지만, 이 홍해파리류는 다시 알인 폴립 상태로 돌아가요. 즉, 다시 처음으로 돌아가는 거죠. 이렇게 홍해파리류는 죽음을 벗어난답니다.

하지만 홍해파리는 먹이 사슬에서 항상 먹히는 쪽이기 때문에, 언젠가는 잡아먹혀요. 불로불사하는 보람도 없이 잡아먹혀서 죽게 되는 당황스러운 생물이죠.

이 생물은?

- **이름** 홍해파리
- **분류** 히드로충류
- **사는 곳** 지중해, 일본 수역
- **크기** 4mm(갓의 높이)

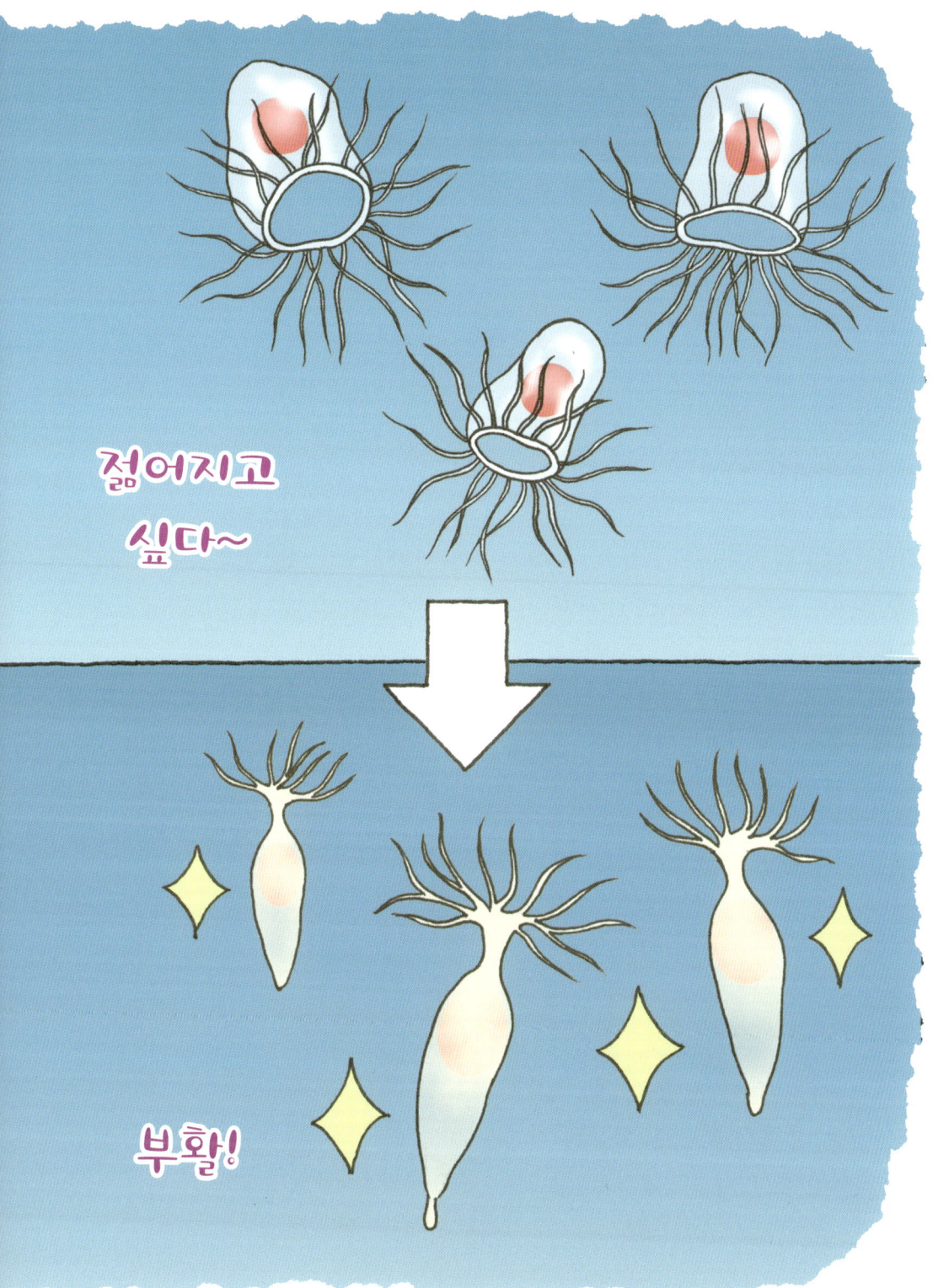

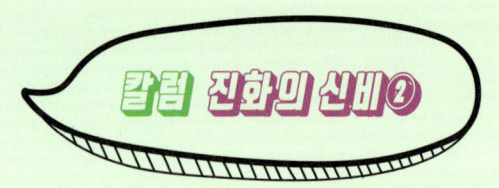

왜 수컷 사자는 그렇게 게으를까?

사자가 사냥하는 모습을 본 적이 있나요? 사자는 고양잇과 동물 중에서는 드물게 집단 사냥을 해요. 얼룩말이나 영양의 일종인 누처럼 비교적 큰 초식동물을 노리고 집단으로 달려들죠.

먼저, 암컷 사자 한 마리가 느긋하게 몰려 있는 누 가운데 약해 보이는 녀석을 점찍고 접근해요. 그리고 마침내 표적으로 점찍은 누에게 달려들죠.

이러고 있을 때 다른 암컷 사자가 가담해요. 어떤 암컷 사자는 누의 엉덩이로 달려들기도 하지요. 마지막으로 누가 가는 쪽에 숨어 있던 암컷 사자 한 마리가 누의 목을 물어뜯죠.

TV에서 흔히 볼 수 있는 사자의 사냥법이에요. 사자는 집단 사냥을 하지만, 수컷 사자는 좀처럼 나서지 않아요. 대부분이 암컷이죠. 수컷이 있더라도 암컷 사자 집단의 자식인 새끼 사자예요.

그럼, 그때 수컷 사자는 대체 어디서 뭘 하고 있을까요? 대부분은 잠을 자고 있어요.

그리고 사냥감을 잡았다는 걸 알면, 느릿느릿 일어나서 암컷이 잡아 온 사냥감을 가장 먼저 먹어 치우죠.

밤에는 필사적으로 힘을 쓰는 수컷 사자

뭐야, 수컷 사자만 놀다니 너무하잖아요! 이렇게 생각할 수도 있겠지만 꼭 그렇지만도 않아요. 수컷 사자가 밤에 무얼 하는지 살펴볼까요? 수컷 사자는 자신의 영역을 어슬렁거리며 냄새를 맡고 표시를 남겨요. 만약 적이나 다른 존재가 있으면 몸을 던져 자기 영역을 지키죠. 그리고 자신의 자손을 남겨요.

그 수컷이 나이를 먹고 힘을 잃으면 젊은 수컷 사자에게 영역을 빼앗겨요. 그리고 젊은 사자는 영역을 빼앗긴 사자를 해칩니다. 암컷이 그동안 키우던 새끼 사자 양육을 그만두고 자신의 새끼를 낳게 하기 위해서 말이죠.

낮에는 잠만 자는 수컷 사자지만, 실은 필사적으로 자기 자손을 남기기 위해 싸우고 있답니다.

제 3장

깜짝이야!
놀랍도록 진화하는
생물들

워베공 상어

바실리스크

폭탄먼지벌레

너무 엄청나게 진화해서 놀랍기까지 한
친구들을 소개할게요.
"정말 그렇게까지 진화해도 괜찮겠어?"라고
묻고 싶을 만큼 놀라운 생물들이에요.

블랙
스왈로우어

부채머리
독수리

갈라파고스
땅거북

물 위를 달리기 위해 진화했다?! 다리가 1초에 열 번이나 회전하는 바실리스크

바실리스크는 중력에 눌려 물에 빠지지 않도록 1초에 열 번이나 다리를 회전해요. 즉, '한쪽 발이 잠기기 전에 반대쪽 발을 디디면 된다!'는 이론을 (우리 인간은 불가능하지만) 실천하는 셈이죠.

이 생물은?

- 이름: 바실리스크
- 분류: 파충류
- 사는 곳: 중앙아메리카 남동부의 삼림과 강가
- 크기: 전체 길이 60~70cm

바실리스크의 발끝은 바깥으로 뻗어 있어서 수면을 박차는 데 적합해요. 또 긴 꼬리를 이용해 방향 전환도 자유자재로 할 수 있어요. 하지만 역시 한계는 있는 법이죠. 4m까지는 초속 1.5m로 수면을 달릴 수 있지만, 5m부터는 속도를 잃고 물속으로 꼬르륵 가라앉아요.

하지만 가라앉아도 괜찮아요. 잠수도 잘하거든요. 물과 땅 어디서든 살 수 있는 능력자 도마뱀이라고 할 수 있죠.

상어인데 상어를 잡아먹기 위해 산호인 척하는 워베공 상어

호주의 그레이트 배리어 리프에서 2012년에 놀라운 사진이 찍혔어요. 상어가 상어를 잡아먹는 사진이었죠. 먹히는 쪽은 비교적 작은 상어인 흑점얼룩상어였고, 잡아먹는 쪽은 워베공 상어라는 수염상엇과 상어였어요.
수염상엇과의 상어는 흉내를 잘 내는 것으로 유명하고, 몸이 알록달록하고 산호초를 보호색으로 쓰기 때문에 머리 부분에 있는 조직이 산호 가지처럼 보여요. 이 사진이 찍혔을 때도 산호초 속에서 바위인 척하고 있었고요. 워베공 상어는 이렇게 다른 상어종을 잡아먹는 듯해요. 워베공 상어가 위장에서 소화한 물질을 분석한 결과, 이 상어가 다른 상어종을 먹는다는 사실이 밝혀졌답니다.

이 생물은?

- **이름** 워베공 상어
- **분류** 어류
- **사는 곳** 호주 북부부터 뉴기니섬 사이에 있는 얕은 산호초
- **크기** 몸길이 1.8m

엄청나게 빠르다!!
혀를 내미는 가속도가
중력보다 264배 빠른
카멜레온

카멜레온의 혀가 튀어나오는 가속도는 제트기보다 더 빨라요. 중력의 264배고요, 제트기 가속도의 4배이기도 해요. 시속 90km를 0.01초 만에 간다는 의미랍니다. 빛처럼 빠르다는 게 바로 이런 것을 가리키는 거겠죠.

옆 그림과 같이 카멜레온이 사냥감을 잡는 이런 장면은 사실, 초고속 카메라로 찍은 영상에서나 볼 수 있어요.

평소 카멜레온은 혀를 접고 있지만, 사냥감을 발견하면 그것을 충분히 늘여 단숨에 뻗어요. 마치 활시위를 힘껏 잡아당겼다가 화살을 쏘는 것과 같아요.

카멜레온의 혀도 그렇게 화살처럼 빠른 속도를 낸답니다.

이 생물은?

- **이름** 카멜레온
- **분류** 파충류
- **사는 곳** 마다가스카르 북부, 북동부의 저지 우림
- **크기** 전체 길이 30~53cm

엄청난 독가스를
과격하게 뿜어낸다!
폭탄먼지벌레

이 녀석은 꽤 위험한 곤충이에요. 적이 공격하면 엉덩이에서 액체형 가스를 분사하거든요. 그 가스는 온도가 100도가 넘는 데다, 화학 물질인 염소와 비슷한 성분이어서 매우 강하고 자극적인 냄새가 나요.
이 가스를 맞은 개구리 같은 생물은 화상만 입는 게 아니라, 가스에 포함된 화학 성분 때문에 입안이 문드러져요. 또 이 액체형 가스는 넓게 퍼지기 때문에 엉덩이를 살짝 틀기만 해도 정확하게 상대를 맞힐 수 있어요. 특히 대단한 것은 개구리에게 먹힌 폭탄먼지벌레가 체내에서 이 가스를 분사해 자신을 다시 토해내게 한다는 점이에요. 인류에게도 위험한, '감히 건드려서는 안 될' 곤충이죠.

이 생물은?

- □ **이름**   폭탄먼지벌레
- □ **분류**   곤충류
- □ **사는 곳**   한국, 일본, 중국
- □ **크기**   몸길이 11~18mm

흉내 낼 수 있는 것이 40종! 놀라운 변신 재주를 가진 흉내문어

흉내 내기의 달인도 울고 갈 흉내문어. 이름부터가 '흉내를 내는' 문어이다 보니, 무려 40종이 넘는 바다 생물의 모양을 그대로 흉내 낼 수 있답니다. 이 문어가 다른 생물을 흉내 내는 건 몸을 지키기 위해서예요. 흉내 내는 상대는 독이나 이빨처럼 위험한 무기를 지닌 생물이죠.

불가사리

갯가재

이 생물은?

- 이름　　흉내문어
- 분류　　두족류
- 사는 곳　인도양, 서태평양 해역, 홍해
- 크기　　전체 길이 50cm

이런 생물은 자신에게 위험한 무기가 있다는 사실을 생김새로 드러내요. 그렇게 함으로써 적에게 경고를 보내는 거죠.
흉내문어는 자신이 적이라고 여기는 그런 생물들의 생김새를 흉내 내 적의 습격을 막아요. 이런 흉내를 베이츠 의태라고 합니다.
그때그때 상황에 맞게 다양한 생물로 변신해 가며 영리하게 살아남는 놀라운 생물이에요.

오늘은 무엇으로 변신해 볼까?

이렇게 아름다워도 되는 거야?
거울 거미

거울 거미는 호주나 싱가포르 등지에 사는 거미인데, 보석처럼 빛을 내요. 배에는 마치 여러 천 조각을 꿰매어 붙여 만든 듯한 무늬가 있는데, 이것이 빛을 쬐면 거울처럼 반짝여서 매우 아름답죠.

이 무늬는 구아닌 결정이라는 성분으로 되어 있어서 모양을 변화시킬 수 있어요. 구아닌 결정은 연어처럼 은색으로 반짝이는 비늘의 성분이랍니다. 반짝이는 은색 부분이 펼쳐지면 갈색 부분이 거의 사라지고, 전체가 반짝반짝 빛나는 보석처럼 변해요. 카멜레온도 이것과 같은 결정을 가지고 있어요. 참고로 거울 거미의 크기는 꽤 작아서 수컷이 3mm, 암컷이 4mm 정도에 불과해요.

이 생물은?

- 이름　　거울 거미
- 분류　　거미류
- 사는 곳　호주 전역
- 크기　　몸길이 수컷은 3mm 정도, 암컷은 4mm 정도

혹시 인형인가?! 한 시간 이상 움직이지 않는 넓적부리황새

사냥감이 물 위로 떠오르지 않는 한, 한 시간이든 두 시간이든 움직이지 않는 넓적부리황새가 좋아하는 것은 폐어예요. 그 폐어가 안심하고 물 위로 떠오를 때까지 기척도 하지 않고 가만히 있는 거지요. 폐어는 폐로 호흡하기 때문에, 언젠가는 수면 위로 떠오르지만 바로 나오지는 않아요.
넓적부리황새는 대형 새이고 정수리까지 키가 115-150cm나 돼요. 부리도 거대하고요. 놀랍게도 악어 새끼도 먹이로 삼는답니다.

이 생물은?

- **이름**　　넓적부리황새
- **분류**　　조류
- **사는 곳**　아프리카 중앙부의 강이나 늪
- **크기**　　전체 길이 115-150cm

사실은 얌전한데 힘이 너무 세서 위험 동물로 찍힌 큰화식조

기네스북에 '세계에서 가장 위험한 새'로 올라 있어 단숨에 위험 동물이 된 큰화식조. 힘이 정말 만만치가 않아요. 비늘로 뒤덮인 강한 다리로 발차기를 날리면 철판이 구부러질 정도죠. 사람은 상대도 안 될 거예요. 크기도 타조에 이어 조류 중에서는 세계에서 두 번째로 커요. 하지만 실은 주의 깊고 겁 많은 성격이랍니다. 숲에 살며 과일을 통째로 먹은 후, 그 씨를 영양분이 듬뿍 든 대변으로 배설하기 때문에 숲이 재생하는 데도 한몫을 하고요. 또 양육은 수컷이 담당하는데, 체중이 5kg이나 빠질 만큼 부지런히 일하죠. 알고 보면 착한 새예요.

이 생물은?

- **이름**   큰화식조
- **분류**   조류
- **사는 곳**   호주, 뉴기니
- **크기**   전체 길이 130~170cm

라이플총의 세 배는 되는 충격력을 가진 부채머리독수리

이런 얼굴을 하고 있어요

이 생물은?

- 이름　　부채머리독수리
- 분류　　조류
- 사는 곳　중남미
- 크기　　전체 길이 89~110cm

'줄'이라는 에너지 단위가 있어요. 부채머리독수리의 발톱이 주는 충격력은 18,300줄이에요. 권총이 300줄이니까 그 위력은 상상을 초월하죠. 사람을 산산이 분해할 정도의 위력이어서, 라이플총의 세 배는 된다고도 해요.
부채머리독수리는 이 힘으로 원숭이나 나무늘보 등의 포유류와 이구아나 등의 파충류, 그리고 조류나 양서류를 포식해요. 또 시속 65km에서 80km로, 나무 사이를 누비듯이 날며 사냥해요. 똑바로 날아가는 라이플 총탄과는 비교할 수 없죠.

아무리 그래도 너무 많이 마시는 거 아냐?
한 번에 136리터의 물을 마시는 낙타

낙타는 사막에서도 며칠 정도는 물 없이 살 수 있어요. 몸의 혈관에 물을 채워 놓을 수 있기 때문이죠. 이와 달리, 인간의 조직에는 물이 몸 전체의 4% 정도밖에 안 돼요. 그래서 혈관에 물이 너무 많으면 적혈구가 물을 빨아들여 파열이 된답니다.

하지만 낙타는 몸속에 있는 근육 등의 조직에 물을 담아둘 수 있어요. 그래서 평소에는 한꺼번에 80리터 정도, 최고로는 136리터까지 물을 마셔도 적혈구가 파열되지 않아요.

그리고 물을 마신 낙타는 물 때문에 몸이 단숨에 부풀어 올라요. 그렇지만 사막을 걷는 동안 물을 소비하기 때문에 점점 말라간답니다.

이 생물은?

- **이름** 단봉낙타
- **분류** 포유류
- **사는 곳** 중동, 아프리카, 남아시아 사막
- **크기** 몸길이 2~3.5m

전기톱, 셔터 소리, 어떤 소리든 흉내 낼 수 있는 금조

언뜻 보기에는 공작과 비슷한 금조의 가장 큰 특징은 무슨 소리든 흉내 낼 수 있다는 것이에요. 전기톱, 셔터 소리, 차의 브레이크 음까지 흉내 낼 수 있어요. 또 대단한 것이 한 번 들은 소리는 뭐든 흉내 낼 수 있다는 것이에요.

이 생물은?

- □ 이름   금조
- □ 분류   조류
- □ 사는 곳   호주의 열대우림
- □ 크기   전체 길이 84~103cm

어떻게 그렇게 흉내를 잘 내느냐 하면, 소리를 흉내 내는 게 금조의 구애 행동이기 때문이에요.

금조는 다른 새의 울음소리를 흉내 내며 꼬리의 장식 깃털을 들어 올리고 자기 몸 위를 덮으며 춤을 춰요. 이때 가능한 한 많은 소리를 내는 금조가 구애에 성공한답니다. 그래서 새소리뿐만 아니라 인간 목소리에 기계 소리까지 닥치는 대로 흉내 내는 거죠.

위잉~

끼익~

찰칵

생물계에서 으뜸가는 흉내쟁이

위가 몸의
몇 배로 늘어나는
블랙 스왈로우어

배가 빵빵해질 정도로 많이 먹을 수 있는 사람이 있지만, 그래도 자기 몸무게보다 많은 양을 먹을 수 있는 사람은 없어요. 아니, 그건 불가능해요. 그런데 이 블랙 스왈로우어는 대체 식욕이 얼마나 대단한지, 위가 매우 크게 부풀어서 자기 몸보다 몇 배는 큰 사냥감도 삼킬 수 있어요.

이 생물은?

- 이름　　블랙 스왈로우어
- 분류　　어류
- 사는 곳　전 세계의 열대 및 아열대 수역
- 크기　　몸길이 25cm

이 물고기는 투명하기 때문에 먹잇감이 들어 있는 뱃속이 밖에서 다 보이고요,
커다란 사냥감을 잡기 위해 입도 아주 크답니다.
하지만 너무 큰 사냥감을 위에 넣는 바람에, 그만 배가 터져 버리는 녀석도 있어요.
확실히 좀 과한 감이 있는 물고기죠?

먹지 않기 위해 진화했다?! 한 달간 굶어도 아무렇지 않은 갈라파고스 땅거북

거북은 오래 산다는 말이 있긴 하지만, 이 갈라파고스 땅거북의 수명은 경이로울 정도로 길어서 170년이나 산 기록이 있어요. 또 세계에서 가장 큰 거북이라서 몸무게는 300kg이 넘는답니다.

이 땅거북은 잡식성이라 선인장 같은 것도 먹을 수 있고, 또 등껍질 아래에는 지방이 잔뜩 있어서 한 달은 먹고 마시지 않아도 살 수 있어요. 다만, 이 거북의 살이 맛이 있다는 이유로 인간들이 마구 사냥을 했답니다. 그래서 한때는 멸종 위기에 처했지만, 지금은 엄중한 보호 아래 조금씩 그 수가 늘고 있어요. 갈라파고스 땅거북의 수명을 위협한 것은 바로 인간이었던 셈이죠.

이 생물은?

- **이름**   갈라파고스 땅거북
- **분류**   파충류
- **사는 곳**   갈라파고스 제도
- **크기**   등껍질 길이 75~130cm

코끼리 아저씨는 왜 코가 길까?

꽤 자유롭게 움직이는 코끼리의 코

코끼리 하면 역시 코죠. 코끼리의 코는 많은 일을 해요. 나뭇가지를 만지거나 과일을 따거나 물을 마시는 등, 코끼리 코는 꽤 다양한 일을 할 수 있답니다. 아니, 그렇게 다양한 일을 할 수 있었기에 코끼리가 오래 살아남았다고 할 수도 있어요.
코끼리의 몸무게는 5,000kg이 넘어요. 그 몸을 네 다리로 지탱하지만, 몸을 자유롭게 마음껏 움직이지는 못 해요. 몸이 너무 무거워서 다리를 굽히거나 몸을 웅크리거나, 두 다리로 서는 게 매우 힘들거든요. 사람도 120kg이 넘으면 걷기도 힘들어 보이잖아요. 그것과 마찬가지예요.
인간에게는 팔과 손이 있지만, 코끼리는 그것에 해당하는 앞발을 몸을 지탱하는 데 써요. 그래서 코가 진화한 거고, 인간이 팔과 손으로 하는 일을 코끼리는 코로 한답니다.

강력한 코의 비밀은 어디 있을까?

코니까 당연히 기본적인 코의 기능을 해요. 먼 곳에서 나는 냄새를 맡을 수 있고요, 깊게 잠수하면 코를 사다리차처럼 길게 뻗기도 해요. 물이 어디 있는지도 코로 찾을 수 있어요.
평범한 코의 기능은 물론이고, 손이나 팔을 대신하기 때문에 물건을 잡을 수 있어요. 사람이 들고 있는 사과를 능숙하게 잡는 건 식은 죽 먹기죠.
게다가, 코를 써서 싸우기도 한답니다. 코끼리 코는 꽤 힘이 좋아요. 몇백 킬로그램이나 되는 것을 들 수도 있답니다. 어떤 사람은 코끼리가 코를 이용해 악어를 낚는 모습을 봤다고도 해요. 그만큼 힘이 장사예요. 실제로는 그냥 악어한테 물린 것일 수도 있겠지만 말이에요.

그럼 코끼리의 코는 어떻게 이런 많은 일을 할 수 있는 걸까요?

그건 코끼리 코가 인간의 혀와 마찬가지로 근육으로 뭉쳐 있기 때문이에요. 인간의 몸은 650개 정도 되는 근조직으로 되어 있는데, 코끼리 코에는 4만 개 이상의 근조직이 있어요. 인간과 비교가 안 될 정도로 힘이 센 건 바로 그 덕분이죠.

그리고 그 근육은 매우 유연해요. 뭐든 할 수 있는 강한 코랍니다.

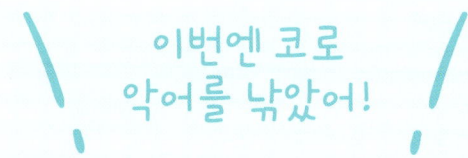

이번엔 코로 악어를 낚았어!

제4장
너무 진화해서 위태로운 생물들

바비루사

사막 캥거루쥐

공작갯가재

너무 진화해서 오히려 생명이 위험해진
생물들이 다 모였어요.
너무 위태로운 생물 친구들을 소개할게요.

늘보로리스

나무늘보

이베리아영원

독이 든 피로 천적을 공격하지만 자기 목숨까지 위험해지는
사막 뿔 도마뱀

아메리카의 사막지대에 사는 사막 뿔 도마뱀. 이 도마뱀의 가장 큰 특징은 위기 회피법이에요.
우선 적이 오면 몸을 납작하게 해서 상대가 알아차리지 못하게 해요. 혹은 덤불 속으로 도망치기도 하고요.
하지만 그래도 적이 쫓아오면 입을 크게 벌려 상대를 위협하죠. 그래도 안 되겠다 싶을 때는 마지막 수단을 동원해요.

이 생물은?

- 이름　　사막 뿔 도마뱀
- 분류　　파충류
- 사는 곳　북아메리카 남서부의 사막
- 크기　　전체 길이 8~11cm

상대의 눈을 향해 눈에서 피를 발사하는 거예요.
그 피는 1m까지 날아갈 수 있고, 천적인 코요테나 늑대가 싫어하는 성분이 들어 있어요. 하지만 이때 사막 뿔 도마뱀 역시 죽음의 위기에 처해요.
몸속에 있는 피의 3분의 1을 방출하거든요.

뇌를 찌를 듯한 뿔에 독이 있는 식물까지, 너무 위험해 보여!
바비루사

두개골을 찌를 듯한 2개의 송곳니가 큰 특징인 바비루사. 그 송곳니는 위로 부드럽게 뻗어 있고, 가끔은 정수리를 찌르기도 해요.
바비루사의 송곳니는 원래 아래로 나야 할 것이 위로 뻗은 것이에요. 송곳니는 이미 윗입술을 뚫고 두개골을 향해 자라 있어요. 애초부터 몸이 아플 수밖에 없는 구조예요. 아파하지 않는 게 신기하죠?

이 생물은?

- 이름　　바비루사
- 분류　　포유류
- 사는 곳　인도네시아의 강이나 호수 부근 숲
- 크기　　몸길이 85~110cm

또 바비루사에게는 기묘한 습성이 있어요.
독이 있는 식물을 먹고는 흙탕물을 마셔 해독한다는 것이에요.
바비루사는 '죽음을 바라보는 동물'로 불리기도 한답니다.
정말 이미 여러 번 죽었어도 이상할 게 없는 동물이죠.

조, 조금만 더 길면 찔리겠어!

건조한 환경은 씩씩하게 이겨내지만 물에는 약한 사막 캥거루쥐

캥거루처럼 점프한다고 해서 붙은 이름이 사막 캥거루쥐예요. 이 생물은 물을 철저히 절약해요. 오줌을 쌀 때도 요소가 진한 소변을 보고, 가능한 한 수분을 배출하지 않아요. 굴속에 수분이 많은 식물의 씨앗을 쌓아 놓고 그걸 물 대신 섭취해요. 또 사냥도 땀이 나지 않는 시원한 밤에만 한답니다.

이 생물은?

- 이름: 사막 캥거루쥐
- 분류: 포유류
- 사는 곳: 북아메리카 남서부의 건조한 땅
- 크기: 몸길이 13~14cm, 꼬리 길이는 20cm 정도

그렇게 건조한 것에 강해져서인지 오히려 수분이 너무 많으면 살 수가 없어요.
그래서 물이 많은 멕시코에서는 멸종했을 것으로 여겼지만,
환경이 매우 건조해졌을 때 부활했죠.
참고로 쥐가 아니라 다람쥐에 더 가까운 종이랍니다.

솔직히 나는 물이 싫어

강력한 펀치를 날리는 갯가재가 있다!
공작갯가재

공작갯가재의 펀치는 매우 강력해요. 대형 갯가재라면 조개 정도는 우습게 부수죠. 수조의 유리가 얇다면 그걸 깰 수도 있을 정도예요. 강력한 펀치는 근육을 화살처럼 당겼다가 놓으면서 단숨에 에너지를 방출하며 날려요. 펀치의 속도는 시속 80km에 달할 정도예요. 그 펀치로 주변의 물을 증발시킨다고 할 정도로 강력하죠. 그래서 실제로 갯가재가 싸울 때는 상황이 꽤 심각해져요.
처음에는 견제할 생각으로 가볍게 날리던 펀치가 어느새 점점 강해지는 바람에 나중에는 양쪽 다 나가떨어져 버리기도 하거든요.

이 생물은?

- **이름** 공작갯가재
- **분류** 갑각류
- **사는 곳** 한국의 서해와 남해, 일본, 중국, 필리핀, 베트남, 하와이 등지
- **크기** 전체 길이 15cm

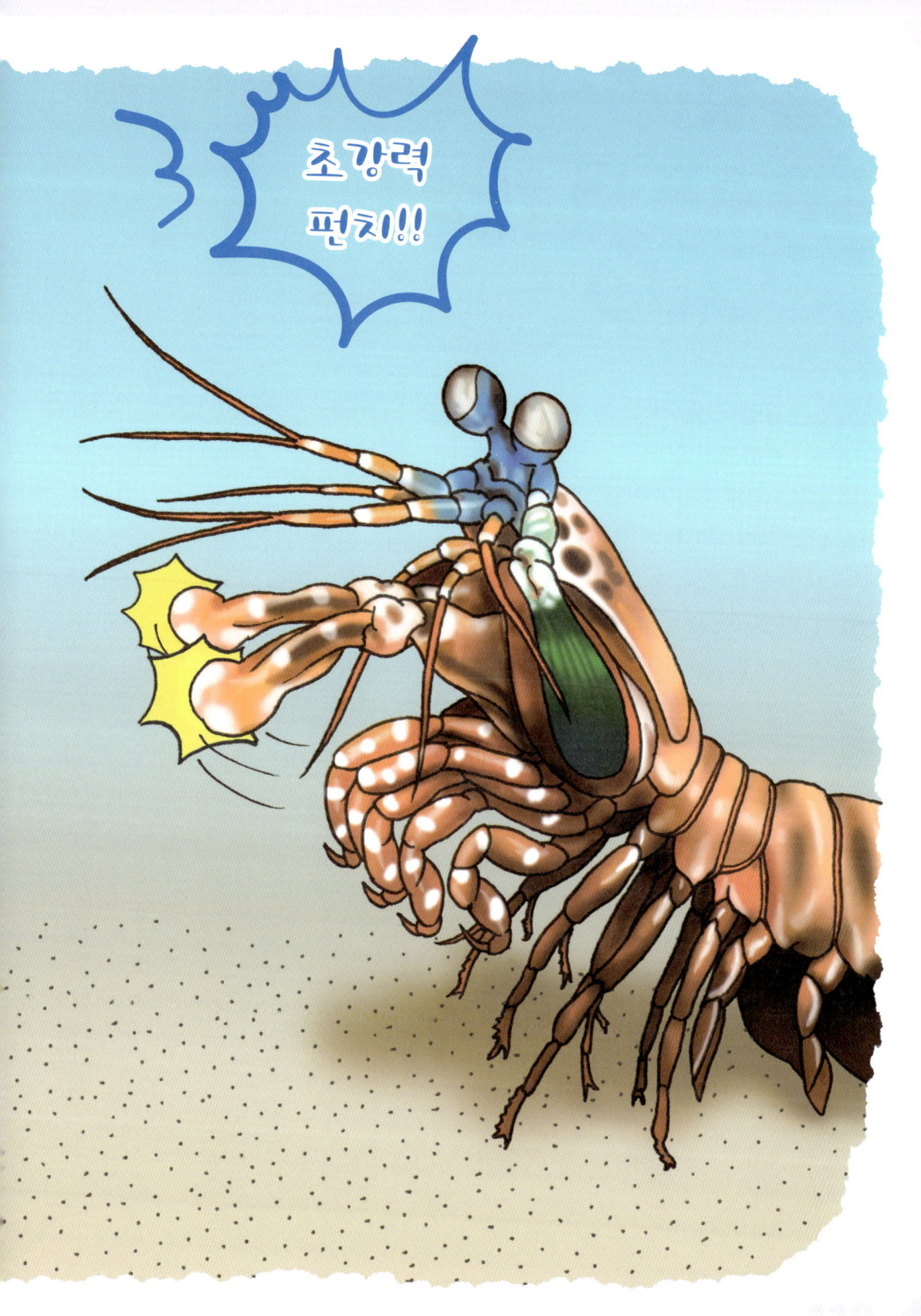

독을 쓸 수 있는 유일한 원숭이, 젊을수록 더 위험한
늘보로리스

독이 있는 유일한 원숭이, 늘보로리스. 독은 팔의 림프절에서 분비되는데, 아래턱의 꼬치 같은 앞니로 그걸 훑으면서 침에도 독이 섞여요. 그러니까 늘보로리스에게 물리면 매우 위험해요.
가장 위험한 건 나이 어린 젊은 개체예요. 두 살까지가 가장 사납고 공격적이거든요. 젊은 늘보로리스가 이렇게 사나운 것은 자신의 영역을 만들기 위해서라고 해요. 같은 종이어도 공격해서 세력 범위를 확보하는 거죠. 하지만 두 살이 지나면 얌전해져요. 적으로부터 몸을 보호하기 위해 우선은 주변 나무의 보호색을 둘러 숨는답니다.
젊은 개체일수록 얼굴의 윤곽이 뚜렷하니까, 여러분도 만나게 되면 조심하세요!

이 생물은?

- **이름**   늘보로리스
- **분류**   포유류
- **사는 곳**   동남아시아의 열대우림
- **크기**   몸길이 27~38cm

계속해서 먹이를 먹지 않으면 죽고 마는 짧은꼬리땃쥐

침에 독을 가진 땃쥐가 바로 짧은꼬리땃쥐예요. 사냥감인 곤충이나 지렁이 등을 침 한 방울로 처리하죠. 또 초음파로 사냥감이 어디 있는지 찾는 능력도 있어요. 그런 능력을 갖게 된 건 짧은꼬리땃쥐가 계속해서 뭘 먹지 않으면 죽기 때문이에요. 짧은꼬리땃쥐는 포유류 중에서 가장 작은 동물인 데다, 에너지를 저장할 수 없어서 먹을 게 없으면 몇 시간 만에 죽어 버릴 정도죠.

게다가 주변에는 부엉이나 족제비 등의 천적이 득실득실해요. 한 번에 적을 처리하지 않으면 언제 자기가 당할지 모르는 셈이죠. 항상 위태로운 삶을 사는 거예요.

이 생물은?

- **이름** 짧은꼬리땃쥐
- **분류** 포유류
- **사는 곳** 북아메리카 중부, 동부의 삼림 등
- **크기** 몸길이 9~10cm

안 먹으면 죽는다!

허겁지겁

배가 부른데도
굶어 죽는 경우가 있다?!
나무늘보

사람들은 배가 부를 때 '배불러 죽겠다'면서 나무늘보처럼 드러눕는데요, 이 나무늘보는 정말 배불러서 죽기도 해요. 나무늘보는 여러분도 알다시피 느긋하게 사는 생물이에요. 뭘 하든 시간이 오래 걸리죠. 그건 소화도 마찬가지예요. 나무늘보는 미생물의 힘으로 소화를 시키는데, 음식물을 소화하는 데 한 달이나 걸려요.

그래서 배에 음식물이 꽉 차 있어도 미생물이 제구실을 못하면 몸에 영양이 퍼지기 전에 굶어 죽기도 하는 거죠. 하루에 잎 89g 정도만 먹으면 되는데 말이에요. 당황스럽지만, 이런 이유로 항상 위태로운 나무늘보랍니다.

이 생물은?

- **이름**   갈색목세발가락나무늘보(정식 명칭)
- **분류**   포유류
- **사는 곳**   중남미의 삼림
- **크기**   몸길이 40~80cm

너무 커서 계속 뭘 먹어야 하는 흰수염고래

작아도 계속 먹어야 하는 동물이 있는가 하면, 반대로 너무 커서 계속 먹어야만 사는 동물도 있어요.
바로 생물계에서 가장 큰 흰수염고래예요. 평균 전체 길이가 26m, 그리고 몸무게는 190t이에요. 흰수염고래의 주식은 크릴새우와 플랑크톤이에요. 26m나 되는 덩치인데 먹는 건 작디작은 플랑크톤이라니!

이 생물은?

- **이름** 흰수염고래
- **분류** 포유류
- **사는 곳** 전 세계의 바다
- **크기** 전체 길이 23~33m

하지만 먹는 양이 평범하지 않아요.
입을 크게 벌려 위턱에 있는 수염판을 거쳐 먹는 양만 하루에 3.5t이니까요.
크릴새우의 수로 따지면 4,000만 마리예요. 엄청난 양이죠?
이만한 양을 매일 바닷속을 헤엄치며 꾸준히 먹어야만 살 수 있답니다.

계속 먹어 줘야 해요

갈비뼈로 위기를 벗어난다!
이베리아영원

이베리아영원은 영화 '엑스맨'의 울버린처럼 적이 단단히 붙들거나 덤벼들면 갈비뼈 끝부분이 피부를 찢고 나와요. 그리고 그걸로 몸을 방어하죠. 갈비뼈가 튀어나온 부분에는 주황색 돌기가 나란히 있어서, 전에는 그 돌기의 구멍으로 갈비뼈가 튀어나온 게 아닐까 추측했어요.

이 생물은?

- **이름** 이베리아영원
- **분류** 파충류
- **사는 곳** 이베리아반도 남부부터 모로코까지
- **크기** 전체 길이 15~30cm

하지만 연구 결과, 몸속의 갈비뼈가 회전해 갈비뼈 자체가 피부를 찢고 나온 거라는 것이 밝혀졌죠.
하지만 괜찮아요. 면역력이 매우 높아서 상처는 금방 아물거든요.
그런 점도 울버린과 같죠?

인간은 진화한 동물일까, 아니면 퇴화한 동물일까?

우리 인간은 지구상에서 가장 진화한 동물일 거예요. 700만 년 전에 직립보행을 시작했고, 400만 년 전에 숲을 벗어나 250만 년 전부터 도구를 쓰게 됐어요. 그 후 인간은 농업을 시작했고 문명을 이룩했죠. 그리고 지금은 지구상에 인간이 갈 수 없는 곳은 거의 없다고 해도 될 정도죠. 분명 지구상에서 가장 진화한 동물이라고 할 수 있을지도 몰라요.

인간의 능력은 사실 대단하지 않아요

하지만 정말 그럴까요? 향유고래는 3,000m나 잠수하는데, 인간은 고작해야 100m가 한계예요. 치타는 시속 113km로 달리지만 인간은 아무리 노력해도 45km가 최선이죠. 어느 쪽이 더 진화했다고 할 수 있을까요?
애초에 인간은 숲을 벗어났다기보다 숲에서 쫓겨난 게 아닐까 하는 의문을 강하게 제기하는 사람도 있어요. 왜냐하면 정든 보금자리를 떠나려면 동물에게는 상당한 용기가 필요하거든요.
숲은 평원에 비하면 안전해요. 숲이라면 나무들이 가려줘서 천적에게 잘 들키지도 않고요. 또 나무에는 잎과 과일이 주렁주렁 열려 있죠. 먹을 게 풍부해요. 나무 위로 올라가면 먼 곳을 내다보고 사냥감을 찾을 수도 있고요.
하지만 인간은 두 발로 걷게 되면서 평원으로 나왔어요. 옆 페이지에 있는 그림을 봐주세요. 인간 아기와 오랑우탄의 새끼가 많이 닮았죠? 오랑우탄은 숲의 현자(현명한 존재)라고도 해요. 오랑우탄의 새끼는 성장하면서 털과 팔이 길게

자라지만, 인간은 그렇게 큰 변화가 없어요.
인간은 원숭이의 유형성숙이라고 해요. 유형성숙이란 몸의 발육이 멈춘 채로, 생식기만 성숙하는 것을 말해요. 이 그림을 보면 그 말이 맞는 것 같죠? 숲의 현자는 성체가 되면 생김새가 달라지지만, 인간은 크게 달라지는 게 없으니까요.

많은 생물을 멸종시킨 인간

그렇다면 과연 그건 진화일까요, 퇴화일까요? 숲의 현자라 할 수 있는 숲에 남은 오랑우탄과 숲을 벗어나(혹은 쫓겨나) 맨몸으로 평원으로 진출한 인간. 어느 쪽이 진화한 생물인지는 알 수 없어요.
아니, 인간은 대신 뇌가 진화했다는 설도 있죠. 분명 그 말이 옳을지도 몰라요. 하지만 다른 부분은 어떨까요? 우리는 고양이보다 귀와 눈, 코의 기능이 떨어져요. 인간은 두 발로 걷기 때문에 넘어지기도 하고 허리가 아프기도 해요. 심장의 혈관은 막히고 장은 아래로 처지기도 하죠. 과연 이게 잘된 진화일까요?
게다가 많은 생물을 멸종시켜 온 것도 인간이에요. 인간에게 과연 그럴 자격이 있을까요? 곰곰이 생각해 봐요.

오랑우탄의 새끼와 인간 아기는 꼭 닮았다

제 5 장
진화의 신비, 왜 그렇게 되는 거지?

레드 핸드 피시

물거미

그린란드 상어

진화는 신비로운 것. 왜 그렇게 된 건지
좀처럼 알 수 없는 생물도 많아요.
이번 장에서는 그런 신비로운 생물들에 대해
알아볼 거예요.

월리스
날개구리

백사자

멕시코도롱뇽

해저를 걷기 위해 지느러미가 진화했다?!
레드 핸드 피시

지느러미의 신비를 느끼게 해주는 물고기가 바로 이 레드 핸드 피시예요. 물고기는 대부분 꼬리지느러미로 추진력을 얻어 물속을 헤엄쳐요. 하지만 호주 태즈메이니아주 바다에 사는 레드 핸드 피시는 뒤쪽의 손 같은 지느러미를 번갈아 움직여 천천히 앞으로 나아가요. 앞지느러미도 번갈아 움직이기 때문에 꼭 네 발로 걷는 것 같죠. 레드 핸드 피시 말고도 지느러미를 이용해 걷는 물고기는 있지만, 이 레드 핸드 피시는 온몸이 붉어서 매우 인상적이에요. 발견되는 경우도 적어서 세계적으로 가장 희소한 물고기 중 하나랍니다.

이 생물은?

- **이름** 레드 핸드 피시
- **분류** 어류
- **사는 곳** 호주 남쪽, 태즈메이니아주 앞바다
- **크기** 전체 길이 약 9cm

위협하기 위해서 진화했다?!
파란 혀를 가진
솔방울 도마뱀

온몸이 비늘로 덮여 있어 꼭 솔방울 같다는 이유로 솔방울 도마뱀이라고 불러요. 호주 고유종이고 전체 길이가 30cm 정도 되는 도마뱀이죠. 머리와 꼬리 형태가 똑같지만, 천적이 덤벼들면 대번에 그 차이가 드러나요.
바로 혀 때문이죠. 천적이 덤벼들면 입을 크게 벌려 파란 혀를 내보여요.

이 생물은?

- □ 이름　　솔방울 도마뱀
- □ 분류　　파충류
- □ 사는 곳　호주 남부
- □ 크기　　전체 길이 30~35cm

그리고 거친 소리를 내며 위협하죠. 천적은 그 파란 혀를 보고 깜짝 놀라서 물러난답니다.
천적은 들개나 큰 도마뱀, 검둥수리 등이에요. 참고로 이동하는 속도는 도마뱀 중에서는 아주 느린 편으로, 거의 거북 정도로 느려요.
어쩌면 그래서 파란 혀가 필요했던 건지도 몰라요.

뿔이 몸보다 네 배는 길잖아!
왜 이렇게 긴 거지?
긴 가시 거미

무당거미의 일종으로 인도나 인도네시아의 보르네오 섬, 중국에 사는 거미예요.
가장 큰 특징은 지나치게 긴 두 개의 뿔(가시)인데, 몸길이에 비해 극단적으로 길어요. 뿔이 몸길이보다 네 배 가까이 긴 개체도 있거든요. 그런데, 왜 이렇게 긴 뿔을 가지게 됐을까요? 실은 아직까지 확실하게 밝혀진 게 없어요. 이 거미는 아직 많이 연구되지 않았거든요. 다만 천적 등이 공격하지 못하도록 강해 보이려는 게 아닐까 하는 설은 있어요. 과연 진짜 이유는 뭘까요?

이 생물은?

- **이름** 긴 가시 거미
- **분류** 거미류
- **사는 곳** 인도, 인도네시아의 보르네오, 중국
- **크기** 몸길이 1cm 정도(뿔을 제외하고)

세상에서 유일하게 물속에서 생활하는 거미! 물거미

물거미는 세상에서 유일하게 물속에서 생활하는 거미예요. 물에 들어가는 거미는 있지만, 아예 물속에서 생활하는 거미는 이 거미뿐이에요. 어떻게 이게 가능할까요? 그 비법은 몸 주변에 공기가 있는 공간을 만드는 것이에요. 인간의 잠수함 비슷한 것이죠. 이 공간을 집으로 쓰는데, 몸에서 뽑은 실을 겹쳐 공기가 나가지 않게 막을 치는 식으로 지어요. 거기 공기를 담는 거죠. 이 공기는 수면으로 나가서 다리털로 감싸듯이 끌어다 모은답니다.

물거미는 집 안으로 사냥감을 가져와 먹고 쉬어요. 아무 방해 없이 쉴 수 있는, 자신만의 쾌적한 공간인 셈이죠.

이 생물은?

- **이름** 물거미
- **분류** 거미류
- **사는 곳** 유럽부터 아시아까지
- **크기** 몸길이 8~13mm

가장 오래 살고
가장 느린 신기한 상어!
그린란드 상어

세계에서 가장 오래 산 동물은 507살까지 산 백합 조개랍니다. 하지만 이 생물은 무척추동물이에요. 척추동물 중에 가장 오래 산 것은 이 그린란드 상어죠. 추정하는 평균 수명이 272살. 그중에는 392살에 죽은 상어도 있었어요.

이 상어는 성장이 매우 느려서 1년에 1~2cm 정도만 자라요. 성체가 5m 정도니까, 성체가 되려면 최소한 150년 이상이 걸리는 셈이에요. 그리고 이 상어의 또 다른 특징은 매우 속도가 느리다는 점이에요. 시속 1km인데, 이건 땅 위를 걷는 거북이 급이에요. 느긋하게 사는 것이 장수의 비결일까요? 어쩌면 그럴지도 모르겠네요.

이 생물은?

- **이름**   그린란드 상어
- **분류**   어류
- **사는 곳** 북극해, 북대서양
- **크기**   전체 길이 7.3m

독을 가진 물고기를 흉내 내는 톱쥐치

흉내를 내는 동물은 많아요. 이 책에서도 여러 동물을 소개했지만, 그중에서 가장 똑똑한 것이 바로 이 톱쥐치예요. 어떻게 이렇게 똑같이 흉내를 낼 수 있는지 신기할 정도죠.
이 톱쥐치는 독이 있는 새들 발렌티니 토비를 흉내 내요. 애초에 생김새가 비슷한데, 복어처럼 배도 조금 부풀릴 수 있거든요. 평소에는 나무나 바위 등인 척해서 천적의 눈을 피하거나, 숨어서 사냥감을 잡아요. 톱쥐치는 적이 습격하지 못하게 독을 지닌 새들 발렌티니 토비를 흉내 내는 아주 똑똑한 친구예요.

이 생물은?

- **이름** 톱쥐치
- **분류** 어류
- **사는 곳** 일본, 서태평양, 중부 태평양, 인도양
- **크기** 몸길이 8~10cm

톱쥐치 · 등지느러미 · 독이 없음 · 배지느러미

쌍둥이 같지?

새들 발렌티니 토비 · 등지느러미 · 배지느러미

독이 있음

개구리도 날 수 있다! 월리스 날개구리

인간은 비행기를 만들어 하늘을 날게 됐어요. 하늘다람쥐는 앞다리와 뒷다리 사이에 있는 비막을 이용해 하늘을 날고요. 어쩌면 '하늘을 날고 싶다'고 생각하는 개구리가 있을 지도 몰라요. 하지만 이 월리스 날개구리는 정말로 난답니다.

저기로 갈까?

이 생물은?

- **이름** 월리스 날개구리
- **분류** 양서류
- **사는 곳** 말레이반도, 수마트라섬, 보르네오섬
- **크기** 최대 몸길이 수컷은 8.9cm 암컷은 10cm

매우 긴 손가락 사이에 넓은 갈퀴가 있어서 그걸 하늘다람쥐의 비막처럼 펼쳐서 나는 거예요. 나무에서 나무로, 15m 이상 나는 개구리도 있어요. 이 정도면 단순히 다리를 이용해 점프하는 것이라고 할 수 없겠죠. 애초에 새는 공룡이었어요. 공룡 중에는 팔이나 다리, 발가락 사이에 비막이 있고 그걸 이용해 날 수 있는 공룡도 있었어요. 언젠가는 개구리도 모두 하늘을 날 수 있는 날이 올지도 몰라요.

사냥감을 기절시키려고? 너무나도 긴 이빨을 지닌 신비한 일각고래

일각고래의 긴 뿔은 영원한 수수께끼예요. 바로 얼마 전까지는 수컷끼리 싸울 때 무기로 썼거나 감각기관으로 썼을 것이라는 설이 유력했어요. 하지만 최근에, 일각고래가 사냥할 때 물고기를 그 뿔로 쳐서 기절시키는 영상이 찍혔어요.

이 생물은?

- 이름: 일각고래
- 분류: 포유류
- 사는 곳: 북극해
- 크기: 몸길이 4~4.7m

뿔 같아 보이는 뾰족한 물체는 사실 어금니예요.
수컷의 어금니는 길이가 3m, 무게는 최대 10kg에 달해요.
이빨이니 그걸 식사에 이용하는 건 당연한 일인지도 몰라요.
하지만 이렇게 길고 무거운 이빨을 쓰는 것보다 더 쉬운 방법이 있지 않을까 싶은데, 과연 이 긴 이빨을 지니고 있는 이유는 뭘까요? 참고로 이빨이 긴 건 수컷뿐이에요.
암컷의 사냥법은 아직 밝혀지지 않았답니다.

인간과 비교하면……

어떻게 태어나는 거지?
사바나에 웬
백사자?!

북극곰처럼 흰 동물은 춥고 눈이 오는 지역에 있어요. 몸이 흰 눈과 비슷한 보호색을 띠면 천적 눈에 잘 띄지 않기 때문이에요.
사자는 더운 사바나에 살죠. 그런데 이 사바나에서 백사자가 태어나는 경우가 있어요. 흰 동물이 태어나는 건 알비노라는 유전자 때문이에요. 그리고 그 유전자는 빙하기에 대비해 존재한다고 하죠.

이 생물은?

- 이름　　사자
- 분류　　포유류
- 사는 곳　아프리카, 인도
- 크기　　몸길이 1.5~3m

지구는 지금까지 여러 번 빙하기를 맞았고 그때마다 세상이 하얗게 변했어요.
다시 빙하기가 오면 그때는 흰 동물만 살아남을지도 몰라요.
하지만 빙하기가 언제 올지는 아무도 모르죠.
그래서 그때를 대비해 가끔씩 유전자가 흰 동물이 태어나게 해주는 것이에요.
신기하죠?

3,000m 아래까지 잠수할 수 있어요! 오징어를 너무 좋아하는 향유고래!

향유고래는 오징어를 정말 좋아해요. 즐겨 먹는 주식은 해파리 오징어예요. 500-900m의 깊은 바다에 있는 오징어죠. 오징어 대부분은 깊은 바닷속에 산답니다. 특히 거대 연체동물은 움직임이 둔해서 천적이 적은 바닷속을 돌아다녀요. 그 대표적인 것이 대왕오징어인데, 크기가 6~18m 정도예요. 꽤 깊은 바다에

이 생물은?

- □ 이름　　　향유고래
- □ 분류　　　포유류
- □ 사는 곳　　전 세계의 바다
- □ 크기　　　몸길이 12~19m

살지만 그 생태는 아직 수수께끼에 싸여 있답니다.
향유고래는 그런 오징어를 찾아다니느라 점점 잠수 능력이 좋아졌다고 해요.
온몸의 근육에 산소를 대량으로 저장해, 한 시간이나 잠수할 수 있죠.
3,200m 깊이에서 112분 동안 잠수한 기록이 있어요.

죽여도 죽지 않는다?
심장까지 재생한다?
멕시코도롱뇽

매우 뛰어난 재생 능력으로 유명해서 19세기 후반부터 연구 대상이 된 생물이에요. 팔다리가 잘리거나 동족에게 먹혀도 팔다리는 물론이고, 눈과 척추까지 재생되죠. 또 심장도 재생된다는 설이 있을 정도예요. 그럼 어떻게 이런 재생 능력을 갖추게 됐을까요? 아쉽게도 그건 아직 밝혀지지 않았지만, 유전자 때문이 아닐까 추측하고 있어요. 그렇다면 언젠가 이 도롱뇽의 유전자로 인간도 심장을 재생할 수 있을지 몰라요.

이 생물은?

- **이름** 멕시코도롱뇽(유형성숙한 개체는 아홀로틀)
- **분류** 양서류
- **사는 곳** 멕시코
- **크기** 전체 길이 20~30cm

놀라워라! 반구수면 기술의 돌고래

잠을 잘 때 오른쪽 눈을 감고 왼쪽 뇌를 쉬게 해요. 다음엔 왼쪽 눈을 감고 오른쪽 뇌를 쉬게 하고요. 이걸 반복하는 것이 바로 돌고래의 반구수면 기술이에요. 하루에 300번씩 반복하죠. 5시간 정도 수면을 한답니다. 다만 수족관의 돌고래는 둥실둥실 편하게 잠을 자요. 그건 천적이 없기 때문이에요. 반구수면을 하는 이유는 자면서도 호흡을 해야 하니까, 또 범고래 등의 습격에 대비해야 해서예요. 돌고래에게는 몸을 이완시키는 렘수면도 없어요. 몸을 이완시키고 있는데 적이 덤벼들면 바로 도망칠 수 없으니까요. 또 새끼와 같이 있는 돌고래는 잘 때도 반드시 새끼가 있는 쪽 눈을 뜨고 있어요. 새끼에게서 한시도 눈을 떼지 않는 대단한 기술이죠.

이 생물은?

- **이름** 돌고래
- **분류** 포유류
- **사는 곳** 육지에서 가까운 바다
- **크기** 전체 길이 2.3~3.9m

푹 자는 시간은 겨우 20분! 수면에 얽힌 비밀로 더 신기한 기린!

돌고래의 수면 특징이 반구수면이라면, 기린의 수면 특징은 그 수면 시간이 엄청 짧은 거예요. 수면 시간이 한두 시간 정도인데, 그중 몸을 웅크리고 푹 자는 것은 고작 20분 정도지요. 수면 시간이 짧은 이유 중 하나는 식사량 때문이에요. 거대한 몸을 유지하기 위해 수면 시간을 아껴 많은 양의 풀을 계속 먹어야 하거든요.

게다가 육식 동물이 언제 덤벼들지 모르니 항상 주변을 경계해야 해요. 그래서 깊게 잠드는 것을 피하고, 언제든 도망칠 수 있게 선 채로 자는 거죠. 특이하게도, 기린은 뇌세포의 대사율이 낮아서, 딱히 수면으로 뇌세포를 회복시키지 않아도 된답니다. 대사율이 높은 인간에게는 불가능한 수면법이죠.

이 생물은?

- **이름**   기린
- **분류**   포유류
- **사는 곳**   사하라 사막 남쪽의 사바나
- **크기**   몸길이(키) 3.8~5.7m

이 자세로 고작 20분간
숙면을 취해요

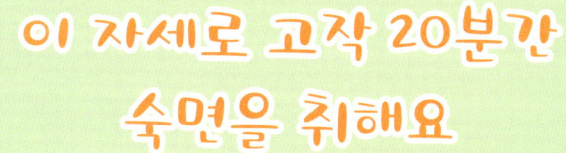

멸종하지 않도록 생물을 사랑해 주세요

생명이 지구상에 생겨난 이후, 많이 생물이 멸종했고, 멸종한 생물 종의 수는 엄청나답니다. 생물이 멸종하게 되는 이유는 다양하지만, 기본적으로 언급할 수 있는 건 지나친 진화 때문이에요. 이 책에서 소개한 생물들 역시 많은 진화를 거쳤는데, 어쩌면 이 진화가 너무 과한 상태일 지도 몰라요. 하지만 과하더라도 환경이 받쳐 준다면 살아남을 가능성은 있어요. 하지만 환경이 받쳐 줄 수 있는 걸 넘어서는 진화라면 멸종 위기를 맞게 되죠. 예를 들어, 생물이 덩치를 키우면 적을 이기고 살아남을 수 있지만, 너무 과하게 크면 사냥감이나 먹을 게 없어서 오히려 죽음의 위기를 맞게 될 수도 있다는 것입니다.

그래서 과한 진화는 위험해요. 하지만 과하게 진화한 종이 위험해지더라도, 그것을 대신할 종이 있다면, 그 근원이 되는 종은 살아남을 수 있어요. 환경이 바뀌어도 거기 적응할 수 있는 종이 있다면 그 종은 살아남을 수 있어요. 하지만 종류가 하나뿐이라면 멸종될 위기를 맞겠죠. 공룡이 바로 그 예가 될 수 있어요. 공룡이 멸종하게 된 커다란 요인은 지구에 거대 운석이 날아와 충돌한 것이에요. 하지만 이보다 더 뿌리 깊은 건 바로 다양화의 상실이죠.

사실, 지구에 운석이 날아와 충돌하기 전에 이미 공룡의 종류는 감소하고 있었어요. 그래서 운석이 충돌하면서 생긴 극적인 환경 변화를 감당할 수 있는 공룡의 종이 없었던 것이죠. 그래도 공룡은 조류를 남겼어요. 공룡이 새의 선조랍니다. 놀랍죠?

현재 지구상에는 많은 종류의 새가 있어요. 하지만 그 대다수가 멸종 위기에 처해 있습니다. 그 원인은 대부분 우리 인간에게 있지요. 무분별한 사냥, 환경 파괴, 서식지 개발 등 모두가 인간이 주도한 일이고, 이것 때문에 많은 생물 종이 멸종 위기에 몰렸습니다. 그것은 곧 인간에게 되돌아올 거예요.

이 책을 통해 놀라운 생물들을 많이 소개했는데요, 이 놀라운 생물들이 계속 보전될 수 있게 여러분이 꼭 도와주세요.

-감수-
이마이즈미 타다아키

동물학자. 1944년 도쿄도 출생. 도쿄 수산대학(현 도쿄 해양대학) 졸업. 국립 과학 박물관에서 포유류의 분류학과 생태학을 공부하고 문부성(현 문부과학성)의 국제 생물학 사업 계획 조사 및 환경청(현 환경청)의 이리오모테 살쾡이 생태 조사에 참여. 우에노 박물관의 동물 해설원으로 일하다 시즈오카현 '고양이 박물관'의 관장으로 재직.
주요 저서 및 감수서로 <세계의 야생 고양이>(학연 퍼블리싱), <비겁한 생물 도감>(다카라지마샤), <그래도 힘낼래! 괜찮아, 멍멍이와 야옹이 도감>(다카라지마샤) 등이 있다.

-일러스트-
모리마츠 데루오

1954년 시즈오카현 슈치군 모리마치 출생. 광고 제작회사에 디자이너로 근무하다 1985년에 프리랜서가 되었다. 달력이나 포스터, 표지 일러스트를 작업한다. 「어른의 색칠공부」, 「붓펜으로 그리는 조수희화」, 「아름다운 꽃들」, 「귀여운 꽃들」, 「비겁한 생물 도감」(다카라지마샤)을 통해 일러스트와 색칠공부 밑그림 등으로 호평을 얻었다. 국내외를 불문하고 다양한 매체에 작품을 제공하고 있다.

너무 진화한 생물 도감

초판 1쇄 인쇄 2020년 10월 7일
초판 1쇄 발행 2020년 10월 21일

지은이 이마이즈미 타다아키
옮긴이 고나현
발행인 박효상
편집장 김현
기획·편집 김준하, 김설아
표지, 내지 디자인·조판 신미경
마케팅 이태호, 이전희
관리 김태옥

종이 월드페이퍼 **인쇄·제본** 현문자현
출판등록 제10-1835호
발행처 사람in
주소 04034 서울시 마포구 양화로 11길 14-10 (서교동) 3F
전화 02) 338-3555(代) **팩스** 02) 338-3545
E-mail saramin@netsgo.com
Website www.saramin.com

:: 책값은 뒤표지에 있습니다.
:: 파본은 바꾸어 드립니다.

ISBN 978-89-6049-865-5 74490
      978-89-6049-840-2 세트

	어린이제품안전특별법에 의한 제품표시	
제조자명 사람in		**전화번호** 02-338-3555
제조국명 대한민국		**주 소** 서울시 마포구 양화로
사용연령 5세 이상 어린이 제품		11길 14-10 3층

우아한 지적만보, 기민한 실사구시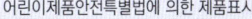